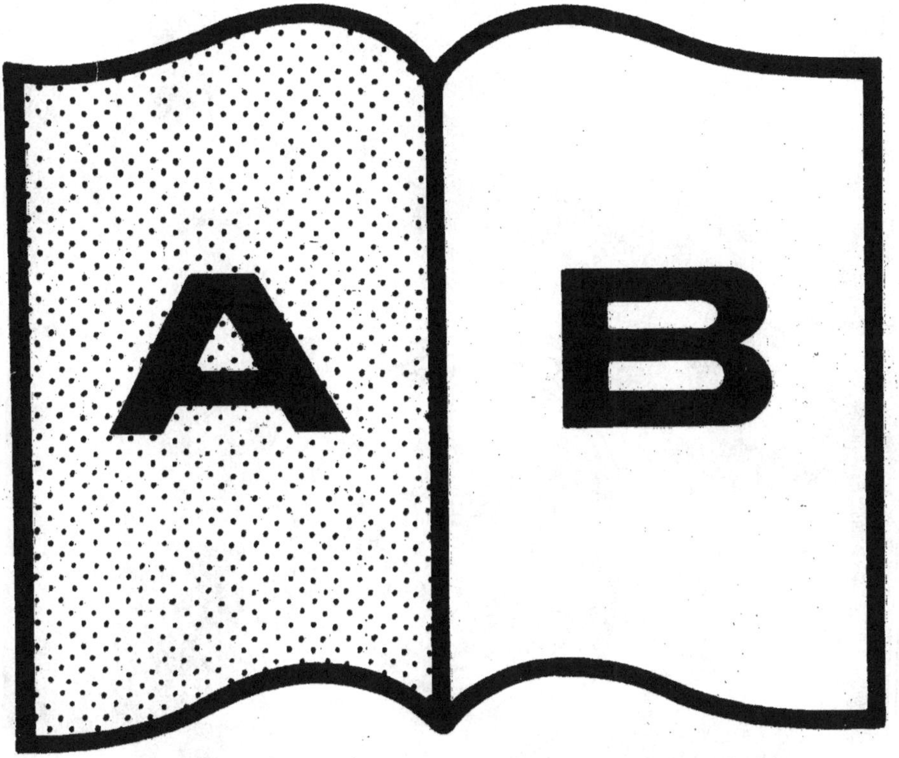

Contraste insuffisant

NF Z 43-120-14

11145

VOYAGES
FAITS EN DIVERS TEMPS
EN
ESPAGNE,
EN
PORTUGAL,
EN
ALLEMAGNE,
EN FRANCE, ET AILLEURS.

Par Monsieur M. ****

A AMSTERDAM,
Chez GEORGE GALLET

M. DC. XCIX.

TABLE

Des Principales Matieres.

Voyage d'Espagne   Page 1.
Des Principaux Edifices de Madrid, des Maisons Royales qui sont dans le voisinage, & sur tout de l'Escurial. 38
Du Palais du Roi. 43
Du Buen Retiro, maison Royale à une autre extremité de Madrid. 47
De la Casa del Campo. 48
De l'Escurial. 52
Du Panthéon. 58
D'Arangues, maison Royale. 68
Des Maximes, Mœurs & Coûtumes des Espagnols. 71
De leurs Processions. 86
De la Fête des Taureaux. 94
De divers accidens qui arrivent à cete Fête. 160
Des loix qui doivent être observées par les Torreadors. 109

*

De

TABLE.

De la maniere dont les Espagnols traitent leurs Malades.	111
De la Poudre de Coloradilla pour les playes.	118 119
Pour faire le Chocolat.	119 120
Des Conseils d'Espagne.	128
Du Conseil de Guerre.	129
Du Conseil de Castille.	129
Du Conseil de l'Inquisition.	130
Du Conseil Royal des Ordres.	132
Du Conseil d'Arragon.	132
Du Conseil des Indes.	133
Du Conseil de la Chambre de Castille.	135
Du Conseil de la Croisade.	136
Du Conseil d'Etat.	138
Du Conseil d'Italie.	139
Du Conseil des Finances & de son Trésor.	139
Du Conseil de Flandres.	142
De la Junte.	144
Privilége des Ambassadeurs & la maniere de leur introduction à l'Audience.	145
Retour de Madrid à Paris.	155
Voyage de Madrid à Lisbonne.	165
Voyage d'Allemagne en 1681.	198
Voyage d'Aix la Chapelle en 1687.	277

AVERTISSEMENT
du Libraire.

UNe Perſonne retirée en ce Pays ayant eu le moyen d'avoir une copie des Voyages de Monſieur ſon Pére, & les ayant aporté de Paris, me propoſa de les imprimer. Je les lûs avec plaiſir, je les trouvai fidélement écrits, & je crûs y voir pluſieurs choſes curieuſes, & diverſes remarques utiles à tout le monde, & particulierement à ceux qui aiment à voyager. Ces raiſons me déterminérent facilement à les publier; d'autant plus, que je ſai que celui qui en eſt l'Auteur a déja donné d'au-

tres

tres Ouvrages au Public, qui en ont été trés-bien reçus. J'avoüe que si j'avois eu le Manuscrit de l'Auteur même, le style en seroit plus coulant & plus châtié : mais cela n'est pas tout-à-fait nécessaire. On ne doit chercher ici, qu'une narration simple & ingénuë, sans autres ornemens, que ceux de la verité. Pour ceux-là, qui sont assûrément les plus estimables, pour ne pas dire les seuls estimables, on les trouvera par tout exactement dans ces Voyages ; bien differens en cela de quelques autres qui ont paru, composez par des gens qui n'ont voyagé que dans leur cabinet, ou tout au plus dans le Dictionaire de Moreri, ou par des personnes qui ont préféré le Roman ou le merveilleux, au véritable.

VOYAGE
D'ESPAGNE

LE meilleur de mes Amis, & le plus intéreſſé pour ma fortune me faiſant connoître, que je lui ferois plaiſir de l'accompagner en Eſpagne, je mis ordre à mes affaires pour être en état d'aller avec lui. Il me pria de prendre les devans pour l'attendre à Amboiſe. Le 4. Novembre 1669, je montai dans ſon caroſſe ſuivi de ſon Equipage & je fus coucher à Chatre pour ménager nos Chevaux. Ce ne fut pas ſans quelque peine que je déterminai de m'abſenter de ma famille; & pour ſurmonter le chagrin que cet éloignement me cauſoit, je pris le party de me divertir

Chatre

de toutes choses, ce qui me donna occasion d'aller voir une assemblée prés de mon hôtellerie, où je passai la soirée agréablement.

Estampes. Le 5. je fus dîner à Estampes, où je croyois voir un de mes amis qui ne s'y trouva pas. Nous allâmes de là coucher *Angerville.* à Angerville : nous fûmes mal logez, & traitez dans ce misérable lieu ; ce ne fut pas pourtant ce qui m'incommoda le plus. Certains yvrognes qui étoient prés de ma chambre y passerent la plus grande partie de la nuit à se dire mille injures & à blasphemer, ce qui m'empêcha de dormir & m'obligea de me lever de grand matin pour faire du bruit à mon tour. Je fis remuer par nos laquais tous les meubles de la chambre où j'estois, & j'envoyai heurter à la chambre de ces yvrognes un vendeur d'eau de vie, qui avoit plus la figure d'un demon que d'un homme. Il heurloit à faire peur, son visage de couleur d'olive, un rabat déchiré, un habit noir en lambeaux, des dents d'Ebéne, des savates aux pieds & une lanterne sourde à la main ; ces petits Messieurs en parurent même effrayez, & me demanderent pardon de leur insolence.

Artenay. Le 6. je dînai à Artenay, où je trouvai des gens assez raisonnables : je ne fus pas moins

moins heureux à Orleans, où j'arrivai de grand jour. Un de mes amis qui étoit intéreſſé dans les affaires de cette Généralité m'obligea de ſouper chés luy, où deux de ſes compéres ſe trouverent qui ne manquoient pas de belle humeur : le regal fut trés joli, & après avoir remercié mon hôte, je me retirai à *l'Image Nôtre Dame*, dans le faubourg au delà de la Loire, où j'avois envoyé nôtre train que je trouvai ſe réjoüiſſant avec le Maître du logis, qui étoit un peu chaud de vin, & qui me fit aſſez rire de ſes plaiſantes boufonneries.

<small>Orleans</small>

Le Jeudi 7. du mois, une jeune Veuve fille de l'ami chez qui j'avois ſoupé trouvant l'ocaſion de venir avec moi juſqu'à Blois, où ſes affaires l'appelloient, me pria de la voiturer juſques là. Elle avoit de l'eſprit & de l'enjoûment, mais qui étoit accompagné d'une modeſtie agréable; nous parlâmes de pluſieurs choſes; & comme elle aimoit à chanter & moi auſſi, nous nous trouvâmes inſenſiblement à S. Memin, où je fis arrêter le caroſſe pour boire du vin bourru; car paſſer ce lieu ſans en régaler nos gens, c'étoit courir riſque d'en être mal ſervi.

<small>S. Memin.</small>

Nous dînâmes à S. Laurent des Eaux, & le reſte de la journée ſe paſſa à raconter pluſieurs Hiſtoriétes.

<small>S. Laurent des Eaux.</small>

S. Dié. S. Dié fut noſtre couchée à l'Ecu. La maitreſſe de cette hôtellerie, qui me connoiſſoit me fit ſervir d'un trés bon vin, & les charmes de la belle, joints à ceux du bon repas me mirent en belle humeur. Il ne manqua rien à noſtre divertiſſement, que ce qui n'étoit pas permis. A dire vrai j'aurois ſouhaité dans ces moments, que Blois eut été en Eſpagne, pour jouïr plus long tems de la converſation de cette aimable Provinciale, qui n'en avoit que le nom; je lui donnai auſſi tous les petits ſoins qui eſtoient dûs à ſon mérite.

Blois. Le 8. aprés avoir déjeuné, nous partîmes pour Blois, n'oubliant rien de ce que je pouvois m'imaginer pour la bien regaler: nous y arrivâmes ſur les dix heures. Je l'accompagnai chez les parens de feu ſon mari, où l'on me voulut faire dîner, mais je m'en excuſai, ſur ce que je devois aller coucher à Amboiſe : & aprés lui avoir fait mon **Eſcure.** compliment, j'allai à Eſcure, où nous demeurâmes peu à faire repaître nos chevaux; il faiſoit ſi beau ce jour-là, que je fus quelque tems à pié, pour faire exercice, où j'eus beaucoup de plaiſir à contempler la beauté de ce Pays. Comme je remontois en caroſſe, Milord de Northumberland, qui étoit venu en France pour faire changer d'air à Madame ſa femme, paſſa

à

VOYAGE D'ESPAGNE. 5

à cheval. Il avoit à sa suite prés de 60. chevaux Anglois, dont le moindre pouvoit être monté par un honnête homme: aussi est-il un des plus riches Seigneurs d'Angleterre.

Je me trouvai sur le soir à mon rendez-vous d'Amboise, où je me couchai de bonne heure, aprés avoir donné ordre à ce que je souhaitois, qui fut fait pendant le séjour que nous devions y faire.

Sejour d'Amboise à la Corne.

Le lendemain j'allai voir Monsieur Bertet Secretaire du Cabinet, & qui y étoit relegué. Il me reçut avec civilité; je lui fis des complimens de la personne que j'attendois, pour laquelle il me témoigna avoir beaucoup d'estime. Nous eûmes une assés longue conversation, finissant par me dire qu'il avoit tous les regrets du monde d'être obligé de partir, pour aller conclure le marché d'une Terre, où sa parole étoit engagée, mais que je pouvois disposer de sa maison; & que Monsieur D. G. pouvoit en disposer comme de la sienne, de même que d'un petit équipage de chasse qu'il avoit. Aprés l'avoir quitté, je retournai à mon hôtelerie, où je passai l'apresdinée à lire quelques livres Espagnols, pour commencer d'aprendre quelque chose de cette langue.

Amboise.

Le Dimanche 10. ne sachant que faire,

la curiosité me prit de voir le Château d'Amboise, que j'avois négligé de voir plusieurs fois en passant par là : mon hôte voulut bien me faire compagnie, & je trouvai que ce qui étoit le plus remarquable étoit la Tour, & ce fameux Bois de Cerf dont on a tant parlé dans le monde. Monsieur le Marquis d'Alluy qui en est Gouverneur y étoit avec Madame sa femme vêtuë en Amazone, son bonnet garny d'Aigrettes, toûjours de bonne mine & pleine de majesté.

Le matin s'étant passé de la sorte, j'employai le reste du jour, à lire & à me promener, jusqu'à l'heure du souper, où se trouva un jeune Conseiller de Tours, qui avoit bien de l'esprit & d'une societé fort agreable.

Le 11. Jour de S. Martin, je me levai d'assés bonne heure pour étudier, & ayant passé quelque temps à cét exercice, comme les autres jours, je me promenai au Mail, & sur le bord de la Riviére. M. Bertet me vint voir le mecredy : Il me témoigna qu'il auroit souhaité se dispenser d'aller à Meziéres, qu'il avoit acheté de Mademoiselle de Montpensier ; que cependant pour me desennuyer, il me prioit de me servir de quatre coureurs qu'il laissoit chez luy.

Le Jeudy 14. mon hôte s'appercevant de l'inquiél'inquiétude que j'avois d'attendre, me mena promener à demy lieuë d'Amboise à une petite Paroisse qu'on nomme Nosselle, dont son frere étoit Curé: Le presbytere est sur une éminence & dans le roc, qui découvre un pays de prez & de bois, qui bordent la riviére. Cette situation est charmante & je ne souhaiterois pas une solitude plus agreable. On m'obligea à faire colation, dont j'avois trés-peu d'envie: mais pour faire honneur à la table, je goûtai du vin, que je trouvai presque aussi bon que celui de l'Hermitage en Dauphiné. Cette journée fût trés-belle, & pour augmenter le plaisir de cette promenade nous rencontrâmes à nôtre retour un Chanoine du Château d'Amboise & un Curé des environs, dont la conversation me fust un amusement, estant en partie sur l'intérêt de leurs benefices, surquoi il fût dit de fort bonnes choses, que la discretion m'empêche de mettre ici : & comme je m'informois de tout, on me montra une petite Paroisse, sur les bords de l'eau nommée Négreson, habitée par des Pêcheurs, lesquels, moyennant cinq sols par année, qu'ils payent châcun au Domaine, ont permission de pêcher dans la Loire, autant qu'ils veulent en ce quartier-là. Mais l'année passée, un nouveau Receveur les voulant inquiéter dans ce privilége pour

Nosselle

8 VOYAGE D'ESPAGNE.

en avoir davantage, il les fit assigner par devant Mr. l'Intendant où ils comparurent sans aucune formalité de justice; & comme on leur demanda qu'ils eussent à montrer leurs titres, ces pauvres gens se trouverent bien étourdis ne sachant que répondre, mais un d'eux plus hardi que les autres, dit, *Morgué, M. l'Intendant, je n'avons rien de moulé, mais j'en avons d'aussi vieux qu'Adam.* Cette réponse parut si naïve & si plaisante qu'on les renvoya sans toucher à leur possession.

<small>Amboise.</small>

Le 15. qui étoit le Vendredy, on me vint dire que M. D. G. devoit arriver, & avoit fait prendre la poste à son valet de chambre pour m'avertir de l'attendre à dîner, & pour lui envoyer son carosse, afin de ne point perdre de temps; car il s'étoit mis sur l'eau à Orleans, pour aller toute la nuit, & arriver avant midy a Amboise. Aprés avoir mangé nous montâmes en carosse, où estoient un gentilhomme, un secretaire & moy. Nous étions tous de bonne humeur, cherchant dans la conversation ce qui pouvoit nous divertir.

<small>au Faux aux 3. Rois.</small>

Nous arrivâmes le soir au Faux, où nous fûmes assés mal logés & les jours commençant à estre courts, nous nous couchâmes de bonne heure, pour nous lever du matin, afin de profiter de la Lune.

Le

Le 16. nous dînâmes au Port de Pille. On commença ce jour-là de s'aviser de joüer dans le caroſſe, & nous fûmes coucher à Châtelleraud, où je trouvai un de mes amis, qui m'envoya ſeize bouteilles du meilleur vin du Païs, avec des raiſins & des poires de bon chrétien: nos gens profitant du vin, en avoient encore la tête un peu brouillée le lendemain, ſi bien que le cocher nous écarta dans la forêt & nous fiſt perdre une heure & demi de temps; on n'avoit aucun deſſein de rien acheter à Châtelleraud; cependant ces femmes qui portent des couteaux & des montres par les hôtelleries, nous perſecuterent ſi bien qu'on en prit pour 24. ou 25. piſtoles, dont on fit des préſents à Madrid.

Port de Pille.

Châtelleraud.

Le Dimanche 17. on fût entendre la Meſſe & dîner à Poitiers au *pillier verd*, où l'on eſt aſſés proprement. Il y avoit des parens du logis qui ne laiſſerent pas languir la converſation, & quelques Gentilhommes qui vinrent voir M. D. G. qui eſt fort connu en tout ce pays. Cela nous obligea à partir un peu tard pour aller coucher à Vivonne, qui eſt à M. de Mortemar, la nuit nous ayant pris à moitié chemin. On prit un guide, qui étoit un petit bon homme d'environ ſoixante & dix ans, qui alloit mieux avec ſes ſabots qu'un jeune

Poitiers

Vivonne,

A 5 ne

ne homme avec des souliers, & comme je le trouvai fort guay & fort plaisant, je le fis monter à la chambre après le souper. Il nous fit mille singeries & dansa le menuet aussi juste, qu'on puisse faire. Il se trouvoit si bien avec nous, qu'il ne songeoit plus à sa femme & à ses enfans qu'il avoit eu grand peine à quitter.

Maisons Blanches. Le Lundy 18. nous allâmes dîner aux Maisons Blanches, village un peu au deçà de la Forêt de Ruffec. Nous y trouvâmes un Gentilhomme de nos amis, de la maison de Monseigneur le Prince, qui alloit chez luy en Limozin. Après nous être reposez quelque temps nous fûmes coucher à Verteuil, chez Monseigneur le Duc de la Rochefoucaud, qui nous avoit envoyé un Relais que nous trouvâmes près de Coüé, qui est à six grandes lieües en de- *Verteuil.* çà de Verteuil. Nous y demeurâmes jusqu'au Vendredy 22. Nous y fîmes bonne chére. Le grand merite de cet Illustre Seigneur est si connu dans l'Europe qu'il n'est pas necessaire d'en faire ici le portrait.

Bayers. De Verteuil, nous allâmes à Bayers, où le Seigneur de ce lieu nous donna splendidement à dîner, & qui depuis nous envoya M. son fils à Madrid. Il nous prêta aussi six chevaux de Carosse, qui nous menérent jusqu'à Angoulême. Nous avions
envoyé

envoyé nos Jumens nous attendre à Monmoreau, pour se rafraîchir. Après le dîner nous marchâmes cinq grandes lieües pour nous rendre à la Rochefoucaud petite ville assés jolie, dont le Château a un des beaux escaliers, qui soient en France, & une trés-belle Chapelle. Nous couchâmes chez nos amis qui nous traitterent trés-bien pendant deux jours.

Rochefoucaud.

Le Samedy 23. aprés nous être levez de table & avoir pris congé de beaucoup de personnes, qui nous étoient venu voir, nous allâmes coucher à Angoulême. M. le Président Lambert logea M. D. G. chez luy, & donna un grand souper.

Angoulême.

Le Dimanche 24. Monsieur l'Evêque d'Angoulême nous donna à dîner fort proprement. C'est un bon Prelat, qui aime bien ses amis. Le lendemain il prêta son attelage, qui nous mena à six lieües de là, & le Président donna encore à souper ce jour-là, où le beau monde de la ville se trouva; il y eut deux tables trés-bien servies & aprés le repas il y vint surcroit de compagnie; mais nous abrégeâmes la conversation le plus qu'il nous fut possible, pour songer à gagner pays.

Le Lundy 25. aprés avoir remercié nôtre hôte, qu'on ne pourroit assés loüer, nous partîmes d'Angoulême, & nous dî-

Monmoreau.

A 6 nâmes

nâmes à Monmoreau, où nous étions attendus. La traitte étoit longue, & la grande chere que nous avions aite les jours précedens, ne s'oppoſa point à l'appetit que le bon air de ce pays nous avoit donné. Il eſt vray que tout ce qu'on y mangea ſe trouva d'un gout admirable, & de plus à trés-bon marché. Pleins de ſatisfaction, d'avoir eu juſques-là beaucoup de plaiſir, nous remontâmes en caroſſe pour aller coucher à Chenau. C'eſt un méchant petit lieu ſitué dans les Landes, & où il faut paſſer l'eau. Nôtre Cocher y perdit ſon manteau, & le Gentilhomme du lieu, qui arrivoit nouvellement d'Allemagne eut la civilité d'offrir ſon logis à M. D. G. parce qu'il n'y avoit qu'une miſerable hôtellerie en ce lieu où nous fûmes fort mal couchez. Une perſonne de la part de M. le Comte de Luſſan de la maiſon d'Aubeterre vint prier M. D. G. d'aller coucher à Puymangon : c'eſt un château où il fait ſa demeure, diſtant d'une grande lieüe de Chenau ; mais comme il étoit prés d'une heure de nuit, & que le chemin que nous avions paſſé nous avoit ennuyé, M. D. G. s'en excuſa, & lui dit qu'il y paſſeroit le lendemain pour avoir l'honneur de le voir.

Le Mardi 26. nous allâmes, acompagnez

Chenau.

gnez de M. De Chenau, à Puymangon où nous trouvâmes M. le Comte de Lussan qui nous attendoit avec grande impatience. L'on ne peut mieux recevoir ses amis qu'il nous reçut, ni leur faire meilleure chere. Il m'avoit vû quelquefois à Paris avec des gens qui coulent doucement la vie : c'est pourquoi il s'atacha à m'exciter à boire quelques coups d'extraordinaire. On peut dire que c'est un trés-brave & bon Gentilhomme, qui donne ce qu'il a de bon cœur. Aussi Monsieur D. G. l'engagea de venir le lendemain dîner avec lui à Coutras, où nous fûmes coucher ce jour-là, aprés avoir passé par un lieu nommé la Roche Chalais.

<small>Puymangon.</small>

La Terre de Coutras apartenoit en ce temps-là à Monseigneur le Prince. Nous y sejournâmes le lendemain, pour y ajuster quelques affaires avec les Habitans, dont les plus braves, & les mieux montés étoient venus au devant de nous: le Juge de ce lieu harangua Monsieur D. G. comme la personne qui représentoit S. A. S. Nous y arrivâmes d'assez bonne heure, j'avois passé quelque tems dans ce Bourg, pendant les guerres de Bourdeaux : mais je le méconnus pour l'avoir laissé en beaucoup meilleur état qu'il n'étoit.

<small>Coutras.</small>

Le Mecredy 27. je me levai du matin,

&

& m'allai promener dans le Parc, que j'ai vu la plus belle chose du monde, mais plus je le considerois & plus je le trouvois méconnoissable. Monsieur le Comte de Lussan arriva vers les onze heures, avec un Gentilhomme de ses amis. Ils furent des mieux regalez ; car nous avions un trés-bon Cuisinier & quantité de gibier, qui est trés-excellent en ce pays-là aussi bien que de plusieurs sortes de Vins, que l'homme d'affaires de Monseigneur le Prince avoit fait aporter de Bourdeaux.

Le Dîner estant fini, Monsieur D. G. se remit sur les affaires pour terminer quelques differends, qu'avoient des habitans qui se consommoient en procés ; tellement qu'il raffermit l'autorité de Monseigneur le Prince, en reprenant les emportés & leur remontrant leur devoir ; & en fit plus en ces deux jours, que beaucoup d'autres n'avoient su faire en deux ans. Je fis mettre cette aprefdînée nôtre Muletier en prison, pour avoir fait l'insolent, & ce châtiment réussit si bien, que depuis il ne manqua jamais à son devoir : l'heure du soupé étant venuë on se mit à table, où Monsieur le Comte de Lussan dit de fort bonnes choses. Il demeura avec nous jusqu'au lendemain.

Le Jeudy 28. aprés avoir donné tous les

ordres que Monsieur D. G. jugea nécessaires, nous partîmes de Coutras, dont quelques habitans pour nous faire honneur étoient montez à cheval pour nous accompagner; mais on les renvoya dés la sortie du Bourg, où nous passâmes la Rivière, prenant le chemin de Libourne, Libourne. sans vouloir y entrer. Nous fûmes coucher à Brane, où l'on passe la Dordonne. C'est Brane. un-trés-vilain lieu, l'abord y est trés-mauvais, & il falut attendre la Marée, pour faire passer le Carosse, qui n'arriva qu'à minuit. Il s'éléve quelquefois en cét endroit un certain Tourbillon de vent qui fait beaucoup monter l'eau. Tout le monde l'aprehende, parce qu'il est dangereux: de sorte que lorsqu'on s'en aperçoit, châcun s'écrie, *gare le Mascaret*.

Le Vendredy 29. nous partîmes trés-mal satisfaits des gens de ce lieu, qui sont fort rustiques, & pour augmentation de chagrin nous trouvâmes un trés-détestable chemin pour le Carosse, jusqu'à Cadillac. Cadillac. Aussi versâmes-nous deux fois, la premiere fust terriblement rude; & comme un de nos laquais voûloit soûtenir le Carosse, il versa sur lui, de maniere que je le crus mort, jusques à ce que nous le dégageames; car le pauvre garçon ne parloit point. Il fust fort contus & incommodé pendant quel-

quelques jours, sans aucune fâcheuse suite; heureusement nous ne fûmes point blessés; mais ne voulant plus nous exposer à ces accidens, nous allâmes à pié pendant quelque temps. Monsieur de S. Luc qui étoit à Cadillac, nous donna magnifiquement à dîner, offrant à Monsieur D. G. ses chevaux & son équipage & le priant avec beaucoup d'empressement de s'en servir. Aprés l'avoir remercié de sa bonne chére, on passa la Garonne, & on alla coucher à Langon petite ville située aux bords de cette Riviere, dont les Vins blancs sont en grande reputation. Monsieur D. G. y trouva plusieurs de ses amis, qui étoient venus de Bourdeaux l'attendre à son passage. Ils y avoient aporté le plus beau poisson qu'on puisse voir; mais je me trouvai incommodé d'une si grande fluxion sur les dents qu'elle m'empêcha d'avoir part à la fête.

Langon.

Le Samedy 30. laissant Bazas sur la droite & prenant le chemin des petites Landes, nous fûmes tout d'une traite coucher à Captioux, où se trouva, pour un lieu éloigné du commerce, une hôtellerie assez propre; & la maîtresse civile & honnête. Il y avoit un jeune homme avec nous qui ne cessoit de lui dire qu'il n'étoit point mal fait, & je me serois bien di-

Bazas.
Petites Landes de Bourdeaux.
Captioux petite ville.

diverti de cet Amant de Campagne, si ma fluxion ne m'eut pas si fort tourmenté.

Le Dimanche Premier Décembre, la Messe étant entenduë, nous fûmes dîner à une petite ville qu'on appelle Rochefort, où il y avoit de trés-jolies Demoiselles & bien mises. Nous y rencontrâmes Monsieur de Gassion Colonel, qui s'en alloit à Paris. Il fut prié de manger avec nous, qui étions encore munis du gibier qu'on nous avoit donné à Coutras. Le repas fut un peu précipité, pour attraper le Mont de Marsan : car les liëues des Landes sont terribles; aussi rencontrâmes-nous de trés mauvais chemins : c'est encore une petite ville où l'on est fort mal couché : elle est située sur un côteau, que la Riviére sépare en deux. On voit en ce pays-là trés-peu de chapeaux : ce sont des calles qu'ils portent sur la tête.

Rochefort.

Mont de Marsan.

Le Lundy 2. nous quittâmes le Mont de Marsan, & à la sortie nous trouvâmes encore mauvais chemin passant dans le Roc, qu'il faut toûjours monter. Nous dînâmes à Tartas, qui est une assés jolie ville. Sur la fin du repas nous fûmes visités par deux Demoiselles fort bien faites, menées par deux Cadets, qui quêtoient pour les Pauvres. On leur donna l'aumône avec la civilité qui leur étoit düe.

Tartas.

Nous

Nous laissâmes Tartas pour aller coucher à Pontieu, où il n'y avoit point d'hôtellerie assés grande pour nous loger tous ensemble; ce qui nous obligea de nous séparer en diverses maisons; d'où l'on peut juger de l'importance de ce lieu.

Dax.

Le Mardy 3. nous partîmes du matin pour aller à Dax qui est une jolie petite Ville sur la Doue. Le Maire perpétuel nommé Mr. Du Bordax, qui connoissoit Monsieur D. G. sachant sa venuë vint au devant de lui. Il nous y régala des mieux au son des Trompettes & des Tambours. J'esperois y trouver un de mes bons amis Gentilhomme de Mr. De Pouyane, Gouverneur de la Province; mais il étoit allé à une partie de chasse. On remarque en ce lieu une fontaine dont l'eau est toûjours chaude & fumante. La main ne s'y peut tenir que peu de temps. Les servantes en lavent leur vaisselle sans la mettre sur le feu; la chose est curieuse à voir. J'en avois vû une à quatre lieües de Grenoble, qu'on appelle la *fontaine qui brûle*, qui ne m'avoit pas paru plus chaude que celle-cy.

Peyrehourade.

Partant de Dax nous allâmes coucher à Peyrehourade petite ville sur le Gabe, appartenant au Vicomte Dort. Plusieurs Portugais & Juifs y habitent, & le lieu est

est bien posté pour le traffic. Cette riviere meine à Bayonne, qui est à cinq lieües de là. Nous y trouvâmes ce soir même un Gentilhomme que Monsieur le Comte de Guiche y avoit envoyé, pour prier Monsieur D. G. de l'aller voir à Bidache, qui n'en est qu'à deux lieües : c'est une fort belle maison appartenant à Monsieur le Maréchal de Grammont son Pere.

Le Mecredy 4. Monsieur D. G. ne pouvant refuser l'honnêteté de ce Seigneur prit le chemin de Bidache, & nous celui de Bayonne, & pour cet effet nous loüames deux Bateaux, dans lesquels nous nous embarquâmes sur le Gabe, dont je viens de parler, qui est une trés-belle Riviére, au moins en cet endroit. Sur le chemin on me montra Stingue petite Duché fort jolie apartenant aussi à Monsieur le Maréchal De Grammont. Nous mîmes pié à terre à Bayonne, à une heure & demi de jour, & logeâmes aux trois Bonnets, prés du Pont. Monsieur D. G. arriva peu de temps aprés. Il s'étoit mis sur la Bidouze, qui vient se rendre dans le Gabe, un Conseiller & Elu de Bayonne nommé Monsieur Cheverry le mena coucher dans sa maison. *Bidache.*

Le Jeudy 5. nous séjournâmes à Bayonne. *Bayonne.*

yonne, pour régler nos affaires, qui consistoient à faire mener nôtre Carosse par des Mulets, renvoyer nos Jumens, avoir une Litiére pour Monsieur D. G. des montures pour nous, & prendre des lettres de change pour Madrid. Joint à cela de petites provisions qu'il falut faire pour le voyage. Tout cela ne nous empêcha pas de profiter du régal que Monsieur Cheverry nous fit à dîner, qui estoit magnifique ; & pour nous accoûtumer à la fatigue Monsieur Dandovins Capitaine de la Tour du S. Esprit nous donna à souper splendidement. Il y avoit une si grande profusion de viandes qu'on pouvoit l'appeller prodigalité. Les vins de Navarre, de Chalosse, & de Saragosse y estoient en abondance ; & pour finir cette Fête il y eut un Bal où toute la belle jeunesse de la ville se trouva : mais comme il faloit avancer chemin, nous nous retirâmes de bonne heure, pour songer à nôtre départ.

Le Vendredy 6. nous partîmes de Bayonne, Monsieur D. G. & Monsieur Ch. seuls dans le Carosse, parce que les Espagnols qui le conduisoient avoient stipulé cela dans leur marché ; disant que les mulets ne pouvoient tirer davantage, bien qu'il y en eût cinq, savoir trois de front & deux au Timon, c'est ainsi qu'ils les attellent. Le reste de la

VOYAGE D'ESPAGNE 21

la troupe sur des chevaux & mulets jusqu'à Iron. Le chemin que nous trouvâmes est fort agreable, on va presque toujours côtoyant la Mer, jusqu'à S. Jean de Luz. Le premier village qu'on rencontre est Bidart, où est la Poste; plus avant, on trouve un petit lieu nommé Gadagne, où se célébroit ce jour là la Fête de S. Nicolas. Il y avoit beaucoup de gens qui dansoient en plusieurs lieux & comme les Biscayens sont fort dispos, nous nous arrêtâmes quelques moments à les voir. Il semble que ces villages, & toutes ces petites maisons peintes par dehors trés proprement bâties le long de cette Côte, soient plûtôt faites pour plaire à la vûë que pour la commodité.

Iron.

Bidart.

Gadagne.

Nous arrivâmes enfin à S. Jean de Luz, & dînâmes à la Poste. Nos Messieurs de Bayonne continuant à nous regaler envoyerent à nôtre insçu un Cuisinier avec de trés-bon Poisson nous aprêter à manger; le dîner fini nous partîmes de ce lieu, qui est trés-agréable, & passâmes la Riviére sur un Pont de bois assés mal construit, au milieu duquel il y a une petite Isle où est un Couvent de Cordeliers; au bout de ce Pont on trouve un gros village nommé Sybourg, dont les habitans ont toûjours quelques démêlez avec ceux de S. Jean de Luz, ce

S. Jean de Luz.

Sydbourg.

qui

qui autrefois leur donnoit occasion d'en venir souvent aux mains; mais depuis que les deux partis ont bien voulu reconnoitre ces Religieux pour Arbitres, ils vivent paisiblement, & en passent par leurs amis.

Iron premier Bourg d'Espagne.

J'apperçus en passant plusieurs barques sur cette Riviére. Nous fûmes ce jour-là coucher à Iron premiere Bourgade de la dépendance des Espagnols, on passe encore l'eau en cét endroit, où se voit l'Isle des Faisans, autrement de la Conférence, présentement appellée l'Isle de la Paix, qui s'y traita par le Cardinal Mazarin de la part de la France & Don Louis de Haro de la part de l'Espagne. Nous commençames dés cette nuit à nous sentir des mauvaises hôtelleries d'Espagne; c'est une si grande difference de toutes nos maniéres, que cela est surprenant.

Le Samedy 7. nous laissâmes S. Sebastien & Fontarabie sur nostre droite, que nous vîmes, en passant de trés-méchans chemins & grimpans une montagne pleine de rochers, qui est terrible; tout le monde se mit sur des Mules, & je m'étonnai comment on ne fait pas cent culbutes sur ces animaux. Il est constant, que si l'on tomboit dans ces passages, malaisément en pourroit-on revenir. Aprés avoir marché quatre lieües dans ce méchant chemin nous ren-

rencontrâmes une petite Bourgade fermée de muraille nommée Hernany où nous mangeâmes.   *Hernany.*

L'aprefdinée nous côtoyames toûjours le Mont S. Adrien qui eft le plus court chemin, mais comme le Caroffe ne pouvoit y paffer, nous fuivîmes le chemin que Philipe IV. tint lors qu'il vint à S. Jean de Luz pour le mariage de l'Infante fa fille avec Louis XIV. Roi de France; Ils l'appellent le chemin Royal. Le temps fuft affés beau le refte de cette journée & le pays plus beau & plus divertiffant. Aprés avoir marché trois lieües, qui font plus grandes que celles de France, nous arrivâmes à une petite ville de la Bifcaye qu'on nomme Toloza, ou Tolozeta. Il falut y paffer une petite riviere qui ne porte point de bateau & du même nom de la ville. Elle fait plufieurs Cafcades naturelles, qui font fort agreables: cette fituation eft affés jolie & nous y couchâmes paffablement bien. Le maître & la maîtreffe de la *Pofada*, c'eft ainfi qu'on appelle une hôtellerie en Efpagnol, fe mouroient d'une Tabardille, dont je parlerai ci aprés, en parlant de leur maniere de pratiquer la Médecine.   *Mont S. Adrien. el camino Réal. Tolozeta. Pofada.*

Le Dimanche 8. nous partîmes affez tard parce qu'ou entendit la Meffe, & qu'il falut attendre nôtre Caroffe, qui étoit demeuré

meuré derriére le jour précédent. Nous rencontrâmes sur la route plusieurs villages, en suite un gros Bourg nommé *Allegria*, qui me parut joli. Nous passâmes de là à Villafranca, où nos Muletiers vouloient nous faire coucher; mais étant encore grand jour nous voulûmes avancer pays. Nous vîmes en passant dans ce lieu assés peuplé, des gens sans pourpoint qui dansoient avec des épées nuës au son de la flûte & du tambour de basque faisant mille tours de souplesse & allant chez les Principaux du lieu dont ils recevoient quelques présens.

{Allegria.}
{Villa-Franca.}

Villa Real fut nôtre gîte. C'est un méchant *Lugar*, c'est-à-dire, village en leur langue. L'hôte avoit un trés-mauvais air, & par dessus cela étoit fort jaloux. Il n'abandonnoit pas sa femme d'un pas, quoi qu'on ne lui donnât aucun sujet de la veiller de si prés. Nous fûmes là, comme on est par tout en Espagne en voyageant, c'est-à-dire, trés-mal. La plupart des voisins vinrent nous voir souper & nous observoient fort, regardant avec grande attention le lit dont Monsieur D. G s'étoit muni, que l'on dressoit tous les soirs. Ils disoient n'en avoir jamais vû de pareil, & admiroient comment cela étoit ajusté en si peu de temps. Les femmes voulurent piller

{Villa Réal}

VOYAGE D'ESPAGNE 25

ser les rubans de nos habits qu'elles recherchent avec soin & les appellent des *listons*. Ce sont des Charmes qu'elles employent à bien des usages. Quelque résistance qu'on pût faire on ne put les empêcher d'en arracher; quelques uns s'étonnant de nous voir marcher la fête de la Vierge, nous demandoient nos Chapelets, nous prenant pour des Héretiques. On peut dire, qu'en ce pays-là, comme en bien d'autres, ils font bien payer la qualité d'Etranger.

Le Lundi 9. nous eumes un peu de pluye, & un méchant chemin, côtoyant toûjours le Mont S. Adrien, & traversant des montagnes moins hautes à la verité, mais fort incommodes. A deux lieuës de Villa Réal, nous rencontrâmes la petite ville d'Ognate: aprés avoir encore marché deux lieuës & demi nous trouvâmes Mandragon, autre petite ville, où l'on se reposa un peu; parce que la pluye redoubla fortement en cét endroit. Nous voulûmes aussi y attendre nôtre bagage, qui étoit demeuré derriére, parce qu'on nous avoit avertis que certains cavaliers s'étoient informés de nôtre marche, & qu'il étoit bon d'aller serré, & se tenir sur nos gardes; ce que nous observâmes. Nous allâmes coucher ce jour-là à un assés bon

Ognate
Mandragon

B Lugar

Escu-riacha. Lugar qu'on nomme Escuriacha. La Posada y fut une des moins mauvaises de la route; la maîtresse avoit deux filles assés jolies, & l'on se mit ce soir-là en belle humeur, pour oublier la fatigue qu'on avoit soufferte pendant le jour. Tout le monde du logis étoit aussi fort gai. Ce lieu-là est bien peuplé & situé comme les autres que nous avons passé au bas des montagnes, qui ont des fonds bien cultivez, & ces Biscayens paroissent être à leur aise.

Le Mardy 10. l'on partit assés tard d'Escuriacha; parce que nous allâmes droit à Vittoria, qu'il n'y avoit que quatre lieües à faire, & qu'on ne pouvoit passer, parce qu'on y paye la Doüane, & qu'on y visite les hardes des passans. Nous traversâmes encore ce jour-là une montagne fort difficile, qui conduit à un Lugar nommé Salina, où il y a deux trés-belles fontaines, dont l'une fournit de l'eau pour faire du Sel, & celle de l'autre est trés-bonne à boire. Comme ce lieu est fort haut, je crûs que la descente seroit longue; mais nous trouvâmes imperceptiblement la plaine, qui dura jusqu'à Vittoria, où nous couchâmes. Nous renvoyâmes de là nos mulets, trouvant plus à propos d'en prendre de loüage, qui par hazard s'en retournoient à Madrid. Nous écrivimes ce soir-là en

Salina.

France

France; & l'on ne visita point nos hardes, parce que les Envoyez, dont Monsieur D. G. avoit le caractére, ne sont guéres sujets à cette cerémonie. Il ne laissa pas de faire distribuer par honnêteté six à sept pistoles aux Doüaniers. Ils nous donnérent des passeports pour éviter la visite des autres endroits. Le Corregidor, & les Alcades ayant sçû qui nous étions, vinrent faire civilité à Monsieur D. G. Il faut savoir que le Corregidor est ce qu'on appelle en France Maire, Eschevin, ou Prévost des Marchands selon les lieux. Ils doivent veiller sur ce qui se passe dans la ville, & donner les ordres nécessaires pour la tranquillité publique. Corregidor Maire Eschevin.

Les Alcades sont les Juges. Ils portent une grande baguette blanche à la main, & sont en habit long, pour les distinguer. Ces gens-là sont fort respectez du peuple, & sentent fort leurs Magistrats. Alcade, Juge.

Vittoria est une ville assez jolie & assez considérable. Elle est de la Castille vieille, située dans la plaine, où toutes les montagnes de ce côté-là aboutissent. Son Terroir paroît assés bon, en comparaison des autres qu'on voit en Espagne.

Le Mecredy 11. nous rencontrâmes à trois lieües par de-là Vittoria, un bourg fermé nommé *Pueblo Barbançon* dont les Pueblo Barbançon

B 2 envi-

environs étoient aſſés cultivez. Nous aperçûmes auſſi cette matinée-là beaucoup de villages à droite, & à gauche, auſſi bien bâtis qu'en France. Nous marchâmes enſuite quatre lieües entre deux collines par un chemin pierreux. Ces endroits ne laiſſent pas d'avoir leurs agrémens. Les Bouis & les Chênes verds y font une belle verdure, & la Lavande & le Thim, qui croiſſent en quantité en ce pays-là, y répandent une odeur agreable. Nous trouvâmes enſuite une belle campagne & bien culti-

Miranda. vée, juſqu'à Miranda, petite ville à cinq lieües de Vittoria. Il y a un Château qui paroît aſſez beau, qui appartient au Roy, & où il entretenoit autrefois garniſon. Ce lieu eſt à préſent à la Maiſon de Miran-

Grand d'Eſpagne eſt comme qui diroit Duc & Pair. da, qui ſont Grands d'Eſpagne. Nous y couchâmes, & l'on n'y fut pas ſi mal, qu'on nous l'avoit figuré.

Le Jeudi 12. on m'obligea de me mettre en litiére, parce que j'étois un peu enrhumé, ce que je fis par complaiſance, étant à mon gré, pour un homme qui a un peu de vigueur, une trés-ſotte voiture. Je m'y endormis, ou pour parler plus juſte, je ſommeillois quand en deſcendant une colline, qui eſt dans le roc, je m'éveillai dans ce paſſage affreux, qui paroiſſoit plûtôt le chemin de l'Enfer que
celuy

celuy de Pancorba, où nous passames. Il y a en ce lieu le Bureau de la Doüane où se demande l'aquit de Vittoria. Nous dînâmes en cét endroit, & l'aprésdinée nous passâmes un trés bon pays de terres labourables. Nous couchâmes à Bribiesca, qui est une grosse Bourgade à 7. lieuës de Miranda. Nous recommençames à joüer ce jour-là, les soirées étant longues, & nous fîmes de même le reste du voyage, ne sachant à quoi nous occuper.

Pancorba

Bribiesca

Le Vendredy 13. étant mal satisfaits de la méchante nuit que nous avions passée à Bribiesca nous partîmes à sept heures du matin par un trés-grand brouillard, qui cessa sur les dix heures. Le Pays que nous passâmes étoit encore de terres labourables, & nous trouvâmes aussi assez de villages de côté & d'autre. Nous nous arrêtâmes à un lieu nommé Quintanapalle, pour y manger un morceau. A peine pût on trouver en ce village une douzaine d'œufs. La *Venta*, qui veut dire, une Taverne étoit des plus misérables. Aussi y demeurâmes-nous peu de tems & remontâmes sur nos mulets. Nous eûmes cette aprésdinée un Soleil aussi chaud qu'au mois de Juin. Il est vray que les gens du pays nous montrérent un endroit, qu'ils disent être le plus chaud de la Castille à 43. degrés &

Quintanapalle

B 3 demi

demi. C'est une hauteur que nous descendimes, au bout de laquelle est une fort belle plaine, d'où l'on voit Burgos à une grande lieuë. Nous laissâmes à nôtre gauche un trés-beau Couvent de Chartreux, qui sont dans la plus belle exposition, & qui joüissent d'un trés-grand revenu : nous trouvâmes aussi une trés-belle Garenne, où il y a beaucoup de Chênes verds, & une si grande quantité d'*Hypocistis*, qu'ils embaument tout ce chemin ; Nôtre compagnie demandoit aussi ce qu'on sentoit, & je m'aperçus que c'étoit ce que je viens de dire. Nous fûmes obligez ce jour-là de nous éventer avec nos chapeaux pour avoir de la fraîcheur.

Burgos. Nous arrivâmes à Burgos vers les quatre heures du soir. A l'entrée de la ville nous rencontrâmes un Enterrement, dont la cérémonie est bien differente des nôtres. C'étoit une fille de 15 à 16 ans parée de ses plus beaux habits ; le visage découvert sur lequel le blanc & le rouge paroissoient artistement mis. Ses cheveux étoient tous épars & fort garnis de rubans : elle étoit de cette maniere comme sur un lit de parade, que des hommes portoient d'une façon à être vuë aisément du peuple ; c'est la méthode du pays ; j'en ai vu plusieurs autres semblables en Espagne

gne, depuis ce temps là. A Madrid dés qu'un homme est mort, on luy met un habit de Religieux, de l'Ordre pour lequel il témoignoit avoir eu plus de respect en sa vie, & étant exposé de cette maniere, chacun lui va jetter de l'Eau Benite.

Dés que nous eûmes mis pié à terre, nous allâmes voir le *Santo Christo*, qui est fait d'argent, & qui produit, à ce qu'on dit, beaucoup de miracles : mais il étoit fermé, & l'on nous remit au lendemain. N'étant pas loin de l'Eglise de la Conception, où l'on célébroit l'Octave de la Vierge, nous y entendîmes les Litanies, qu'on chantoit en Musique. Ce Temple étoit fort paré & illuminé : car l'Espagne est le pays où les Eglises sont les plus propres, & où l'on dépense le plus en Illuminations. Leur maniere de chanter me parut assez différente de la nostre; mais je ne laissai pas d'avoir du plaisir à les entendre. Il y avoit de fort belles voix, & l'on remarque dans leur méthode des endroits trés-agréables. Nous demeurâmes des derniers dans cette Eglise, pour voir passer le monde ; mais comme les femmes se cachent de leurs Mantes, mal aisément peut-on les considerer. Nous y vîmes plusieurs cavaliers de *l'Habito de S.*

Juan, parmi lesquels il y en avoit de fort bonne mine. Estant de retour à nôtre Hôtellerie, nous passâmes la soirée à joüer, comme nous avions accoûtumé.

Le Samedy 14. nous croyions voir le *Santo Christo* ; mais on nous dit qu'il falloit avoir entendu deux Messes pour cela ; ce qui nous parut une défaite de ceux qui le montrent, qui n'avoient pas en tête de venir à l'Eglise à cette heure là. Ne pouvant faire mieux, nous fûmes voir un Jésuite, qui se disoit François, & qui nous avoit fait prier de souffrir sa conversation quelques momens. Il nous regala dans sa Cellule de trés-bon chocolat. Il nous fit beaucoup de civilitez, & nous questionna sur plusieurs choses : cela me donna à connoitre, que ce n'étoit qu'une pure curiosité qu'il avoit de savoir des nouvelles, qui lui avoit fait naître le désir de nous entretenir. Aprés l'avoir remercié de ses honnêtetez, nous allâmes dîner, pour aller d'une traitte coucher à Lerma petite ville à sept grandes lieües de Burgos. Elle a été quelquefois la demeure des Rois d'Espagne, & Charles-Quint s'y plaisoit. Son Eglise cathédrale est belle. La Riviere y passe, qui grossit beaucoup, quand les neiges se fondent. Son Pont est bien bâti, mais il faut

observer

observer que de toutes les riviéres de ce Pays excepté le Tage & la Guadiane, dont je parlerai ci aprés, il n'y en a aucune de considérable.

Quittant Burgos, on trouve un assés mauvais Terroir plein de Landes & bien moins peuplé, que celui que nous avions passé. On rencontre seulement un Bois de chênes verds assés agréable, mais fort sujet aux voleurs. Nous arrivâmes à Lerma sur la fin du jour. Cette ville apartient au Duc de Pastrane, autrement de l'Infantado, lequel fut fait *Mayordhomo mayor* de la Reyne, depuis la mort du Marquis d'Aytone. Ce Duc est Grand d'Espagne, & des plus riches du Royaume. Je crois avoir déja dit, qu'un Grand d'Espagne est à peu prés ce que les Ducs & Pairs sont en France, excepté qu'ils ont le privilége de se couvrir devant le Roy : car dés le moment que sa Majesté leur a dit *couvrez-vous*, cette personne-là est reconnuë pour Grand d'Espagne. Il est aisé de s'imaginer, que cela ne se dit qu'aux gens de qualité & qui ont le moyen de soûtenir la dignité de ce Titre.

Lerma

Ce que le Roy d'Espagne observe pour faire ses Grands.

Pour revenir à Lerma, il y a un Château qui paroît quelque chose. Le Corregidor nous fit bien des civilitez, & s'offrit de nous escorter sur un cheval de cinq cens écus; parce qu'il nous faisoit apréhender les chemins, que nous avions à passer ; disant que les voleurs ont coûtume de s'y attrouper, lorsqu'ils savent que quelque Equipage de considération y doit passer; mais nous ne rencontrâmes personne ; & il eut falu beaucoup de gens pour nous battre dans l'ordre que nous marchions.

Le Dimanche aprés avoir fait dire la Messe, nous partîmes de cette petite ville, passant trois grandes lieües de Bois de Chênes verds, Saviniers, Genevriers & autres sortes d'Arbres, qui malgré le grand brouillard & le froid ne laissoient pas de répandre une grande & suave odeur. Nous entrâmes en suite dans un Pays de Landes pleines de Thim, de Lavande, de Spica, &c, à la fin desquelles nous trouvâmes un *Mercadero* Bourg nommé Mercadero, où nous mangeâmes dans une miserable Taverne, de ce que nous avions apporté; car à moins que de faire des provisions, on pourroit mal passer son temps. Le Pays que nous traversâmes cette aprésdinée ne me parut guére meilleur que celui du matin. Nous arrivâmes sur le soir à une assez grande *Aranda* Ville, qui est *Aranda*, où passe la Riviere de Douero ; Il y a deux Ponts assés bien bâtis. L'hôtellerie étoit une des meilleur leures de la route ; on fut obligé en ce lieu d'envoyer le Carosse par le grand chemin qui est plus long de deux journées : aussi commençoit-on de se fort ennuyer.

Le Lundy 16. on se mit sur les huit heures en chemin, où je remarquai un pays assez couvert de Chênes verds, Saviniers & autres, & du reste un Terroir fort ingrat. Nous nous rafraichîmes en passant dans un lieu nommé Unrubia, où nous demeurâmes peu ; l'aprèsdinée nous marchâmes par un pays mieux cultivé & fûmes coucher à Bosseguillas Village situé dans une belle plaine, où le terroir est fertile & bon. Nous y aurions été mieux logez, sans une escoüade de Cordeliers, qui prenant le devant, se saisirent de ce qu'il y avoit de meilleur, & de plus commode pour la vie : car en Espagne les Religieux sont les maîtres & l'emportent par tout où ils se trouvent. *Unrubia. Bosseguillas.*

Le Mardy 17. nous marchâmes la plus grande partie de la matinée par une plaine & en suite par un Bois, qui vient aboutir en descendant à un petit village où l'on passe un beau Ruisseau, nous trouvâmes plus avant la montagne de Somasierra, qui est fâcheuse & incommode durant une grande lieuë. A son issuë est un village *Somasierra.*

B 6   qui

qui porte le même nom, nous y dînâmes de grand appetit, ayant fort fatigué sur nos mulets, je ne mangeai de ma vie tant de navets; ils y sont d'un goût excellent. C'est un lieu de réputation pour cela. Aussi dit-on qu'il n'y a point d'Espagnol qui en passant par là ne vendît son manteau pour en manger s'il n'avoit point d'argent. L'aprésdinée nous descendimes la montagne par des Bois, qui durent jusqu'à

Buitrago. Buitrago, où nous couchâmes. L'avenuë de ce lieu est détestable : car il faut descendre un grand quart de lieuë dans des rochers & remonter de même pour arriver à la Posada qui est dans le faubourg, & où l'on est passablement bien : c'est une petite ville qui est de quelque deffense, bâtie sur le roc, au bas de laquelle passe un ruisseau. Elle est trés-bien fermée & revêtuë de quelques fortifications, qui tiendroient quelque temps.

Le Mecredy 18. nous trouvâmes encore assez de montées & de descentes

Cavamillas. pour venir dîner à Cavanillas où est la poste; nous fûmes de là coucher à San

San Augustin. Augustin, où l'on est trés-mal, bien qu'on ne soit qu'à six lieuës de Madrid. Nous rencontrâmes en ce lieu une personne que Monsieur D. G. avoit envoyée en poste de Vittoria, pour faire aprêter toutes choses

VOYAGE D'ESPAGNE. 37

ses avant son arrivée, & qui venoit l'asseurer qu'il trouveroit une maison, comme il la désiroit. La soirée se passa à entendre parler cet homme de ce qu'il savoit de Madrid.

Le Jeudy 19. la grande envie que nous avions de nous voir dans cette capitale, nous fit partir matin. Nous passâmes trois lieües de Pays assez infertile, mais trés-beau pour la chasse, aprés quoi nous trouvâmes Alcobendas, où nous fûmes obligez de dîner pour laisser reposer nos montures, & aprés avoir fait une heure de chemin l'aprésdinée nous aperçumes Madrid, à une petite lieüe duquel nous rencontrâmes Monsieur du Pré, qui faisoit alors la fonction de Résident pour sa Majesté trés-Chrestienne à la Cour d'Espagne, & qui ayant sû la venuë de Monsieur D. G. étoit venu au devant de lui avec Don Louïs de Salcede Capitaine des Gardes de Castel Rodrigue, qui avoit été Gouverneur des Pays-Bas. Ces Messieurs, aprés plusieurs complimens, l'obligerent de monter dans leur carosse avec ce qui pouvoit y tenir de nous autres. Nous arrivâmes ainsi à Madrid, bien aises de trouver des draps blancs & bonne chére, pour nous rafraîchir de 14. jours de marche, depuis Bayonne, qui auroient

Alcodendas.

pu

pû ennuyer de plus patiens que nous.

Je ne prétens pas ici fatiguer le Lecteur, comme plusieurs Voyageurs qui ont écrit, & qui rendent compte de leurs moindres mouvements pour grossir leurs Relations ; non plus que d'informer le Public de nos affaires & des negotiations qu'il y avoit à ménager avec cette Cour, des civilitez & des honnêtetez qu'on en a reçuës, des audiences qui se donnent, y ayant un Introducteur des Ambassadeurs comme ici. La pluspart des gens d'esprit & qui savent un peu le monde n'ignorent pas ces détails, sans m'amuser d'en faire la description. J'ai trouvé plus à propos de faire une legere peinture de Madrid, avant que de parler d'autre chose.

Des Principaux Edifices de Madrid, des Maisons Royales qui sont dans son voisinage & sur tout de l'Escurial.

Madrid Madrid est une assez grande ville, fort peuplée, & entourée de Montagnes ; ce qui fait que l'air y est inconstant, & inégal, comme il sera remarqué ailleurs. C'est la Capitale des Espagnes, aussi est-elle au milieu des Domaines de son Souverain. Il n'y avoit pas plus de cinquante ans que les Rois y faisoient leur demeure, lorsque j'y étois.

étois. Les Ruës y sont assez belles & larges, mais mal pavées de petits cailloux qui les rendent fort incommodes. De toutes ses Portes il n'y a que celle d'Alcala qui soit passable. Les autres, à proprement parler, sont plûtôt des entrées de Bourgades, que d'une ville. Elles sont gardées par quelques Mousquetaires, à cause des droits & des entrées. Il y a plusieurs grandes places. Je donnerai la description de la principale, en faisant celle de la Fête des Taureaux: on l'appelle *La Plaça Mayor*. Les autres, qui ont quelque apparence, sont celles de San Joachin, de Santo Domingo, de la Sébada où se tient le marché aux Chevaux, & où se vend l'avoine. Il y a encore celle de Lasganites. Il y a beaucoup de fontaines, dont les eaux ne sont pas également bonnes. On y voit un pont de pierre bien bâti qui est *la Puente de Segovia*. Le Mançanarés coule dessous, qui est la Riviére, ou pour mieux dire, le Ruisseau que produisent les neiges fonduës des montagnes voisines; cela fait dire aux méchans plaisans, que ce seroit un beau pont, s'il avoit une Riviére. Cependant quelque Ingenieur s'est offert de la rendre navigable, ce qui rendroit les denrées à meilleur marché: mais les Espagnols ne sont pas gens à s'inquiéter

&

& ont méprisé ces offres, bien que cette ville en fût de beaucoup plus confiderable.

Ce Ruisseau passe au dehors de la ville du côté où est le Palais du Roy. Il est bordé en quelques endroits de petits Bosquets, qui font une vûë fort agréable. On voit à Madrid beaucoup d'Eglises, de Couvents & d'Hôpitaux. Les Eglises n'y sont pas grandes, mais propres, & plusieurs sont enrichies de belles peintures, particulierement celle du Noviciat des Jésuites, qu'ils appellent Théatins, où le Pere Nitart, qui étoit Confesseur de la Reine, a répandu beaucoup de ses liberalitez. Il étoit aussi Inquisiteur Général, ce qui peut s'appeller la premiére charge de la Couronne, & du pouvoir duquel il seroit trop long de donner ici le détail.

Don Juan Fils naturel de Philippe IV. fit sortir ce Prélat du Royaume un peu avant nôtre arrivée, insinuant au peuple, que lui seul gouvernoit l'Etat. Il prit ce pretexte, afin que son éloignement lui donnât occasion d'entrer dans le Conseil de la Reine dont il étoit exclus. Ce fut le sujet du peu de guerre civile que Don Juan a fait en Espagne, & qui ne lui a rien produit quoy qu'il eut pû faire autre chose. Car selon ce que j'ai appris de plusieurs personnes, qui savoient les affaires

faires, je puis dire que je me suis apperçu qu'il étoit assez bien dans l'esprit du peuple, & trés-peu soûtenu des Grands. A l'égard du Pére Nitart, il manquoit de génie pour remplir la place de Favori, comme il paroissoit l'être en ce temps-là; du reste, il étoit homme de bien, étant sorti d'Espagne peu accommodé, contre la pensée du Commun.

Pour revenir aux Edifices de Madrid, l'Eglise de *San Isidro* est trés-belle. Il y a une Chapelle que Philippe IV. a fait bâtir, qui est extrêmement magnifique. On tourne tout autour de l'Autel, qui est soûtenu par de grosses colomnes de marbre & de porphire. Les peintures sont d'une grande beauté. Le Dôme est fort éclairé & l'or & l'azur y sont répandus avec abondance. On prétend que cette Chapelle revient à quatre millions. *San Isidro patron de Madrid*

Dans l'ancienne Eglise joignant celle ci, on voit une autre Chapelle de marbre blanc, où il y a beaucoup de figures en relief, de même matiére, que les connoisseurs estiment fort. On y dit tous les jours une messe pour Philippe IV. Ce sont des Chanoines qui ont cette maison, ils joüissent d'un grand revenu. En sortant je remarquai dans leur cour un laurier d'une si prodigieuse grandeur, que je n'ai vû en aucune

Fôrêt un arbre plus haut que celuy-là, & c'est une chose fort curieuse à voir.

Il y a entr'autres l'Hopital de S. Martin qui est fort grand, & où se retirent les pauvres, qui sont attaquez du mal de Naples. Les Freres Religieux de cette maison sont obligez d'en avoir soin: & comme tout le monde sait, que cette maladie est trés-commune en Espagne, je n'aurai pas de peine à persuader qu'il en meurt beaucoup dans ce lieu, faute d'être bien pansez, & pour n'avoir recours assez tôt aux remêdes.

Philippe IV. a aussi fondé une retraite, où l'on met les Bâtards. Lors qu'on y met un Enfant, les Administrateurs de cette maison donnent un certificat moyennant deux patagons, lequel sert à le retirer quand l'envie vous prend d'en faire quelque chose; parce qu'ils peuvent parvenir aux ordres de Chevaliers qu'ils appellent *l'Habito*, dont je parlerai ci aprés; le droit de Bourgeoisie leur est pareillement aquis.

La Reine Régente qui gouverne présentement dans la minorité de Charles second a aussi fait construire une maison destinée à retirer les filles de médiocre vertu, où elles peuvent accoucher, & où l'on a soin d'elles & de leurs enfans; mais les Espagnoles ne sont pas si sujetes à concevoir

voir que dans les pays moins chauds que nous habitons.

Du Palais du Roi.

LA maison où demeure à Madrid la famille Royalle s'appelle *le Palais*. Il paroit peu de chose au déhors, & ceux qui désireront en voir le plan peuvent avoir recours aux Estampes qui en ont été faites. Je me contenterai de dire, que c'est un grand corps de bastiment, où il y a double logement. La Place qui est devant sa façade est grande & belle. Il est situé à une des extremitez de la ville, & a la vuë par le derriere sur une trés belle campagne ; & sur le Mançanares bordé de ces petits bocages dont j'ai déja parlé. Il a diverses portes, où les carosses peuvent passer pour aller descendre vers le parapet, qui conduit au grand Escalier. Il y a plusieurs cours quarrées & des galeries autour soûtenuës de colomnes. La plûpart des grandes maisons en Espagne sont disposées de cette façon ; & ils ont reçu cette maniere de bâtir des Maures qui l'ont possedée long-temps.

Les Merciers & Clincalliers étallent & dressent leurs boutiques dans ces Cours. C'est

C'est où l'on plaide & où se rend la justice. Divers Conseils s'y tiennent, les Contadoreries, que nous appellons le Trésor, y ont leurs appartements. Il y a beaucoup de logement. Le Duc de Pastrane Grand Maître y a le sien, & toutes les Dames de la Reine y logent & en sortent rarement ; on ne les visite point sans permission de la Reine, qui la donne très-peu.

Lorsque le Chevalier de Bethune vint complimenter sa Majesté de la part du Roi de France sur sa convalescence, on crut lui faire une grace particuliére, de lui permettre de faire à quelques unes des honnêtetez de la Reine sa maîtresse. J'eus l'honneur d'être prés de lui à son audience de congé ; & alors Don Emanuel de Lyra Introducteur des Ambassadeurs le mena voir ce qu'il y avoit de plus curieux dans ce Palais ; ce qui me donne lieu d'en parler présentement. On monte aux appartemens du Roi & de la Reine, qui se joignent par un Escalier assez beau, dont le lambris est d'une architecture dorée & azurée ; mais dont l'éclat & la beauté commencent à se ternir. Cet Escalier conduit à une Galerie raisonnablement large, où sont postez les Gardes de sa Majesté Catholique, qui consistent en trois Compagnies, savoir celle des Archers,

qui

VOYAGE D'ESPAGNE. 45

qui font proprement les Gardes du corps, qu'on nomme la Compagnie de *la Cuchilla*, autrement la Garde Bourguignonne & Flamande, parce qu'il fut dit lorsqu'elle fut créée qu'elle seroit composée seulement de ces deux Nations, & tous Gentilshommes.

La seconde est la Garde Espagnole, qui sont Hallebardiers, & la troisiême est la garde Tudesque ou Allemande, qui sont tous étrangers, & où il y a beaucoup de Lorrains. On passe au travers de ces Gardes, pour arriver aux appartemens, où il ne me parut rien d'extraordinaire, parce que tout étoit tendu de deuil. Il y en a encore quantité d'autres composez de beaucoup de piéces, les unes au bout des autres, un peu sombres, & sans dégagemens; mais on prétend qu'elles ne seroient pas habitables, si elles étoient autrement, à cause de la grande chaleur qu'il fait en ce pays.

Tous les Salons, les Chambres & les Galeries sont parées de trés-beaux Bustes, & de fort riches Tableaux des meilleurs maîtres. J'ai vu entr'autres un petit morceau de Michel Ange, dans lequel est representé Nôtre Seigneur Jesus-Christ dans le Jardin des Oliviers, que Philippe IV. avoit acheté 15 mille pistoles; mais je
m'en

m'en raporte à ce qui en est. Il est constant qu'ils ont une trés-grande quantité de Tableaux, & de trés-belles Tapisseries; ce lieu servit autrefois de prison à François Premier Roy de France, aprés qu'il eut été pris devant Pavie; mais il n'étoit pas si grand ni si bien bâti qu'il l'est presentement. Les dehors en sont gardez presentement par les Soldats d'un nouveau Régiment, qu'ils appellent *Schambergos*, à cause qu'ils ont des justaucorps comme ceux que Monsieur de Schomberg commandoit en Portugal. C'étoit le Marquis d'Aytonne qui en étoit Colonel, & aprés sa mort, il fut donné au Cardinal d'Aragon. C'est un Régiment comme celui des Gardes en France, excepté qu'il n'est pas si nombreux, j'ai vû quelquefois ce jeune Roi-cy, lui faire faire l'exercice dans la Place qui est devant ce Palais. Le peuple a toûjours quelque chose à démêler avec ces gens-là, & murmure fort contre eux. Les Espagnols ne voulant point de nouveautez, je crus voir un jour une sédition universelle dans Madrid à cette occasion. Il y eut 15 ou 16 personnes de tuées, & sans l'autorité de la Cour & de leurs Commandans qui accoururent à cette émûte cela auroit pû devenir une grosse affaire.

Du

Du Buen Retiro, maison Royalle à une autre extremité de Madrid.

LE Buen Retiro est une maison sur une éminence prés le Prado Viejo à une des extrémitez de la ville de Madrid, où Philippe IV. se plaisoit fort. Il y a un grand Parc fort agréable, il y auroit dequoi faire quelque chose de plus beau. On y voit quantité de petits pavillons séparez les uns des autres, qui servoient de logemens particuliers aux Gens de la Cour. Ils ont chacun leur petit Jardin, & dans plusieurs, il y a de petites fontaines. Il y en a un plus grand & plus logeable, que les autres, où se voyent des palissades d'Orangers, & Citroniers, qui portent de fort beaux fruits. On y fist joüer une Grotte, qui mouilla quelques uns de la Compagnie qui ne s'y attendoient pas. Dans le Terrain le plus élevé de ce Parc, se trouve un Etang trés-beau, sur lequel flottent trois petites Barques fort proprement peintes & dorées, qui servent à la promenade. Sur ses bords il y a aussi cinq ou six petits pavillons, où la Cour se pouvoit mettre à couvert quand le Roy se divertissoit à la pêche. Ce Palais me parut commencer à se ressentir de
la

Buen Retiro.
Le Prado viejo est un lieu planté d'arbres où se faitle Cours.

la mort de son Maître & à être négligé. Son Effigie en Bronze sur un cheval posé sur un pied d'estal est campée dans la Cour du grand apartement de cette maison, qui est plantée dans le pourtour, de Citroniers, Orangers, & Jasmins trés-proprement palissadez avec d'autres enjolivemens, qui font plaisir à voir. On ne nous montra point le dedans de la maison, parce qu'elle étoit démeublée; mais j'ai apris qu'elle étoit fort belle quand elle étoit tenduë, & que le Roi y passoit agréablement le temps avec toute sa Cour, qui pouvoit y loger avec lui.

De la Casa del Campo.

La Casa del Campo LA *Casa del Campo* est aussi au Roi. Elle est à une portée de mousquet hors de la ville, au bout du Pont de Ségovie. Le Mançanares coûle le long des murailles de son Parc. Ce lieu est fort négligé. Il y a quelques allées qui conduisent à trois étangs assez grands. Cela est fort brut; mais on ne laisse pas d'en trouver la verdure agréable. Il sert de Rendez-vous à bien des gens; ce qui pourroit faire nommer cette maison le Palais de Venus. Les Dames font faire en cét endroit plusieurs fosses, où elles se baignent sous des Tentes

tes, à cause que cette riviére n'est pas assez profonde.

Le Roi a encore autour de Madrid plusieurs maisons qui ne sont pas plus riches que celles que plusieurs mediocres Bourgeois ont prés de Paris. Il y a l Sarsuela où il fait beau chasser, & où nous avons plusieurs fois tué des lapins en grande quantité, qui sont d'un trés-bon goût. *Sarsuela.*

Le Pardo est encore une de ces maisons-là. Il y a celle de Castel Rodrigue, qui étoit Gouverneur des Pays-Bas en 1668. qu'on appelle la Floride, & qui est vis à vis de celle del Campo. Elle est fort jolie & proprement ajustée; l'on y voit plusieurs grottes dans plusieurs Jardins en terrasses, des Statuës, des Fontaines, de beaux meubles & de fort beaux Tableaux. Ce Marquis a raison de s'y plaire & d'y passer la meilleure partie de sa vie; car elle est placée dans un des endroits les plus agréables du pays. *Le Pardo. La Floride.*

L'Amirante de Castille, qui est la premiere maison d'Espagne, aprés les Roys, issuë de Blanche de Bourbon, a aussi une petite maison vers le Prado Viejo & prés du Buen Retiro, où il y a une trés-grande quantité de Tableaux anciens & modernes des plus célébres Peintres, qui ayent été. Son Jardin a peu d'étenduë; mais on y voit

voit de trés-belles Statuës qu'on a fait venir d'Italie & qu'on laisse ruiner. Il y a aussi beaucoup de petits jets d'eau. C'est la mode d'Espagne. Le Marquis d'Herñañones Neveu du Surintendant des Finances, qu'ils appellent *President de Hazienda*, nous y donna une superbe collation, où il y eut musique de Chanteuses assez bien faites.

Des maisons du Marquis de Liche. La maison du Marquis de Liche, le plus riche Seigneur de la Cour, fils de feu Don Louis de Haro premier Ministre & favory de Philippe IV. excelle par sa grandeur & ses grandes richesses. Elle est prés du Palais du Roi, qui en eut de la jalousie, & l'obligea à retrancher de son dessein. Sa femme, qui passoit pour la plus belle du Royaume & fille du Duc de Medina Celi mourut pendant que j'étois à Madrid. Ce Marquis a hors de la ville plusieurs maisons construites comme celle dont je viens de parler, où ces Messieurs tiennent & voyent leurs Courtisanes. C'est dans ces cases de respect, ainsi qu'ils les nomment, où se consume leur argent & leur santé ; ce qui empêche les jeunes gens de sortir du Royaume, préférant cette vie molle à la gloire qu'ils pourroient aquérir ailleurs, & dont les autres Nations sont si jalouses.

Peut-

Peut-être trouvera-t-on à redire, que j'aye confondu le particulier avec le Souverain: mais j'ai cru devoir suivre le terrain, pour rendre mon discours moins ennuyeux. Pour parler en général des édifices des Espagnols, les Palais des Grands ont peu d'extérieur, mais les dedans sont magnifiques & bien meublez. Il faut avoüer qu'ils sont plus riches que nous en peintures, en bustes, & en Tapisseries. Leurs apartemens sont grands, & comme ils n'ont point de dégagemens, ils n'ont pas le bon air des nôtres, & ne sont pas si commodes.

Ils se servent de chaux & de sable pour bâtir. La Pierre y est trés-belle & j'ai vû une maison que le Cardinal d'Aragon Viceroy de Naples avoit fait faire nouvellement, qui revenoit à 500. mille écus, bien qu'elle eut peu d'aparence. Je ne doute pas que les Statuës qu'il a envoyées de ce Royaume-là, & qui passent pour la plus belle chose du monde, n'aident fort à l'embellissement de ce Palais; mais quand on fera reflexion sur la quantité d'Etats différens que possède le Roi Catholique, & le grand nombre de Vicerois, qu'il est obligé d'y envoyer, lesquels ne manquent pas d'en aporter ce qu'il y a de plus rare & de plus curieux, on ne s'étonnera pas de tout ce que j'en ai dit.

A l'égard des maisons bourgeoises, elles sont basses & mal construites, parce que de toutes celles qui se bâtissent à Madrid, le second étage appartient au Roi, à moins qu'on ne rachepte ce droit, ce qui fait que plusieurs aiment mieux se passer de seconds étages, que de donner de l'argent. Il faut dire aussi que les apartemens hauts sont incommodes, à cause des grandes chaleurs.

De l'Escurial.

L'Escurial. L'Escurial est un Couvent à sept lieües de Madrid situé au bas des montagnes. Philippe Second le fit bâtir aprés la bataille de S. Quentin, qu'il gagna le jour de S. Laurent. Il avoit fait vœu que s'il sortoit victorieux de cette bataille, il feroit élever un Temple à l'honneur de ce Saint, le plus magnifique de l'Europe. En effet cette maison est parfaitement belle & curieuse à voir. Il n'y a rien de si superbe: C'est un grand Bâtiment fait en forme de Gril. Ceux qui l'ont vû demeurent d'accord, que quelque récit qu'on en puisse faire on ne peut se le figurer, à moins que d'y avoir été.

Il est mis au rang des merveilles du monde, & habité par des Moines de l'ordre de S. Jérôme. On dit que Philippe II. le destina à ces Religieux, préférablement aux autres, parce que Charles-Quint son Pére lui ayant de son vivant remis ses Etats, alla se retirer à S. Just prés de Valladolid, qui est un Monastére de ces Péres, où il finit ses jours. Il est constant qu'il y a peu de lieux où l'on voye de plus belles Peintures & en plus grande quantité. Ce Monarque s'y plaisoit fort, & j'entrai dans la chambre où il mourut. Comme j'étois avec Monsieur l'Ambassadeur de France lors qu'il y alla, tout ce qu'ils estiment de plus curieux nous fut montré ; entr'autres beaucoup de Reliques, à leur dire, d'une grande antiquité. L'Eglise qu'on nomme S. Laurens est trés-grande, belle, claire, pavée de marbre & de carreaux de Fayance peinte. Les seize marches pour monter au Grand Autel sont aussi de marbre. Il y a seize petites colomnes d'agathe & de jaspe fin qui sont tout d'une piece. Le Tabernacle est de Porphire travaillé avec la pointe de Diamant. On prétend qu'on a employé quatorze ans à ce seul ouvrage. Les Portes des deux côtez qui conduisent derriére cet Autel sont de piéces d'agathe & de jaspe assemblées. Il y a plusieurs Orgues, dont quelques unes se font entendre comme des Concerts de Trompettes, de

Flu-

Flutes douces, de Clairons, de Cornets à Bouquin, & d'autres Instrumens de musique; Il y a diverses Tribunes, dans l'une desquelles est le Chœur trés-commode, & proprement ajusté. Les siéges sont de Bois des Indes, de Bresil, de Cedre, d'Ebéne, & de Terebinthe. Ils ont des livres pour les Offices qui se doivent dire tous les jours, séparez les uns des autres, d'une extraordinaire grandeur, peints en velin, avec des figures bien finies. C'est un ouvrage fait par Frere André de Leon & par d'autres bons maîtres des plus célébres de ce temps là. Ils sont au nombre de deux cents quatorze d'une même grandeur, garnis de cuivre doré. On me dit ce qu'ils avoient coûté. C'est une somme trés-considerable, dont je ne me souviens pas precisément : mais ils coûteroient présentement le quadruple, au dire du Pere Prieur.

On nous mena dans la Sacristie, pour voir les habits Sacerdotaux, dont les uns sont admirablement bien brodez, d'autres enrichis de perles qui répondent à la magnificence de ce lieu. Philippe IV. en a donné la plus grande partie. On voit aussi en cette Sale plusieurs beaux ouvrages du Tintoret, de Paul Véronése, de Vandeyc, du Titien, de Rubens, & autres Peintres fameux.

Il y a dix-sept Cloîtres, dont le principal

pal a deux cens dix pieds en quarré. La voute est peinte à fresque par le fameux Pérégrin Péregrini Disciple de Michel Ange, & lequel a eu la reputation de suivre mieux sa maniere qu'aucun autre. Je n'acheverois jamais si je voulois parler de toutes les choses que j'ai vuës; & si je voulois parler par exemple des jardins & des fontaines enrichies de marbre de plusieurs couleurs; de la quantité des sales, des chambres, des offices, des cuisines, des galeries, de la tanerie, des boutiques de chaque métier du College & des différens Cloîstres, du Séminaire, des Fermes, Granges & autres appartenances: mais je ne dois pas oublier la Bibliotheque, qui a 194. piés de long, trente deux de large, & trente-six de hauteur. Elle est percée de quantité de belles fenêtres dont les vitres sont de cristal, & les targettes d'argent doré, le plancher est pavé de marbre & de fayance de Hollande peinte en bleu qui fait un parterre fort agréable, vers les fenêtres & autour de cette galerie sont des bordures de Jaspe rouge. Les Tablettes où sont les livres sont de plusieurs sortes de bois curieux venus des Indes, & qui font une diversité de couleurs trés-agréable: au milieu & en plusieurs endroits, il y a de belles Tables, dont quelques unes sont de Jaspe. Elles servent à ceux qui dé-

La Bibliotheque.

désirent examiner quelques livres. Sa voute est peinte par Peregrin Peregrini dont j'ai déja parlé. Toutes les Sciences y sont représentées, savoir la Theologie, la Philosophie, la Grammaire, la Rhétorique, la Dialectique, l'Arithmetique, la Musique, la Géometrie, l'Astronomie &c. Les vuides qui sont entre les livres & la voute contiennent plusieurs histoires peintes & les portraits des Doctes de l'Antiquité. On peut bien juger que les livres ne sont pas moins beaux que le reste, & que leur reliûre en est précieuse. Il y a des livres dans toutes les langues, en Hébreu, en Grec, en Latin, en Italien & en plusieurs autres.

On nous montra un endroit où ces Religieux dirent qu'il y avoit beaucoup de Joyaux. Ils nous firent voir plusieurs Volumes pour des Originaux, particuliérement le livre de S. Augustin écrit de la main de ce S. Pere, estimé pour leur plus Ancien; S. Chrysostome en Grec, & plusieurs autres, dont je ne me suis pas amusé de faire le Catalogue. Ils ont beaucoup de manuscrits & nous en montrérent un sur du Velin en lettres d'or qu'ils enferment séparément. Ce sont les quatre Evangiles entiers, & parfaits, avec les préfaces de S. Jérôme & les canons d'Eusebe de Césarée, qu'ils disent être fait du temps de l'Empereur

pereur Conrard & de son Fils Henry Second, qui fut aussi Empereur.

Monsieur l'Ambassadeur leur demanda à voir quelques livres qu'ils lui montrèrent. L'Alcoran en étoit un & quelques Bibles de plusieurs Impressions. Nous vîmes aussi l'histoire des Animaux sur du Velin fort bien faits, & une autre des plantes qui se sont trouvées aux Indes.

Il y a dans cette Bibliotheque sur deux Tables de marbre des Sphéres & des Globes avec toutes sortes de beaux Instrumens de Mathématique. Nous y vîmes aussi différentes sortes de papier, & du premier dont on s'est servi, des livres imprimez sur du papier de la Chine. J'en avois déja vû ailleurs. Une chose assez curieuse à voir est une pierre d'Aiman qui est du poids de 7. livres; Elle soûtient vingt-cinq livres. Mais j'en ai vû à Paris depuis de beaucoup plus fortes, & plusieurs belles expériences ignorées vraisemblablement par ces bons Péres.

Sortant de cette Bibliothéque nous passâmes par une espéce de vestibule, où l'on entend d'un bout à l'autre ce qu'une personne peut dire quelque bas qu'elle parle; cela se fait par la grande unité & conjonction des pierres dont la voute est fabriquée: mais avant que de finir ce chapitre de l'Es-

C 5 curial,

curial, il ne faut pas oublier de parler du Panthéon, où sont les Tombeaux des Rois & des Reines; puisque d'un commun consentement c'est la chose la plus curieuse & la plus magnifique qui soit à voir dans ce Couvent.

Du Panthéon.

Panthéon vient de deux mots grecs *Pan* & *Théos*. Le premier signifie *Tout* & le second *Dieu*, c'est-à-dire, *tous les Dieux*. Cette maniere d'architecture fut inventée par les Romains, & l'Histoire nous apprend que Marc Agrippa en fit faire un dans Rome par le commandement d'Auguste, où l'on servoit aux Idoles; & comme ils en faisoient leurs Dieux, ils choisirent aparemment ce mot, comme le plus significatif, pour faire entendre au Public, que ce lieu étoit consacré à toutes leurs fausses Divinitez. Plusieurs Auteurs en ont écrit si amplement, qu'il me suffit d'en avoir dit assez pour l'aprendre à quelques Lecteurs qui ne le sauroient pas.

Je crois que les Espagnols ont employé ce mot dans cette occasion plus justement que les Anciens Romains, parce que c'est un lieu que leurs Rois ont consacré à Dieu, destiné pour leurs sepultures: & ce n'est pas

pas d'aujourdhui que la plufpart des Grands en ont pris le foin. Témoin ce Fameux Maufolée d'Artemife & les Pyramides d'Egypte, dont les Hiftoires ont tant parlé, & qui étoient les dépofitaires des cendres de leurs Princes & de leurs Rois: mais la difference eft que ceux-cy le faifoient par la feule envie qu'ils avoient de laiffer à la poftérité des marques de leur fouvenir, au lieu que les autres l'ont fait par des mouvemens de pieté & de religion.

J'avoüe que la beauté de ce lieu eft un peu difficile à exprimer ; je ne laifferai pas de raporter ce qui m'en eft refté dans l'efprit.

Aprés avoir vu toutes les chofes, que je viens de décrire, on nous fit defcendre dans cet augufte Monument par vingt-cinq marches, d'une pierre grife, marquetée de noir qu'on appelle *Berroqueña*, c'eft-à-dire, âpre, dure, & raboteufe. La porte qu'on nous ouvrit pour y entrer eft faite de plufieurs fortes de bois des Indes, qui faifant une diverfité de couleurs empêchent de juger ce que c'eft. L'Efcalier eft fort éclairé & trés beau. La voute & les côtez des murs font d'un affemblage de differentes pierres qui font un coloris agréable.

Au bout de ces marches vous tournez &

C 6   conti-

continuez à descendre trente trois degrés de Jaspe fin de Tortose & de marbre gris & blanc mélangé d'une si agréable maniere que l'on croiroit que l'art y a beaucoup plus de part que la nature. Je me souviens qu'on me dit qu'il avoit été pris à S. Paul de Toléde. La voute en cet endroit est enrichie de moulure de Jaspe, & cela est si poli & si luisant que c'est un miroir où l'on se voit par tout. Cela me fit ressouvenir de ce que dit Strabon du Sépulcre que Ptolemée fit faire à Alexandre, lequel étoit de Cristal. Mais pour revenir à nôtre Pantheon sa figure est ronde & élevée en Dome. Bien qu'il soit bâti sous terre, les Architectes n'ont pas laissé de trouver l'art d'y donner un beau jour. Aussi a-t-il été recommencé plusieurs fois. Charles-Quint en avoit donné le premier dessein & Philippe Second ayant fait faire une Voute pour la Sepulture des Rois, qui ne répondoit pas à la magnificence de l'Escurial, recommanda à Philippe III. son fils qui lui succeda, de s'appliquer à faire quelque chose de digne de ses Peres & de ses Successeurs, & qui fut digne aussi de ce superbe édifice ; ce qu'il effectua autant qu'il put, ayant laissé à Philippe IV. le soin de le mettre dans la perfection où il est présentement.

L'or,

L'or, l'argent, les Pierres précieuses & le Bronze semblent y briller de tous côtez. Les bases des Pilastres & des Colomnes sont d'un Bronze doré, aussi bien que les Frises & les Corniches. Je remarquai au devant de la porte de cette Voute soûtenuë de quatre piliers dont les deux premiers sont de Jaspe & les autres de bronze doré parfaitement bien travaillez, une grille de la même matiére, laquelle est artistement dorée. Et l'on peut dire qu'on n'y voit rien qui ne soit bien fini & achevé. Aussi tous les plus habiles ouvriers de l'Europe y ont-ils travaillé, & en ce temps-là les Rois d'Espagne étoient au plus haut période de leur fortune, & tiroient des Indes des richesses immenses, dont la meilleure partie a été employée en ce lieu. Il y a sur les Portiques plusieurs inscriptions, qui conviennent au sujet. Elles sont enrichies de figures de Bronze & d'autres matiéres, qui viennent d'Italie & de plusieurs autres endroits; les armes d'Espagne y sont representées par un assemblage de pierres fines de couleurs nécessaires pour en faire la peinture, & que le hazard & la nature ont fait rencontrer de cette maniére.

Le Plancher est de Jaspe & de marbre compartis en figures & fleurons qui forment au milieu une belle étoile. La Chapelle

pelle est placée vis-à-vis la porte. Elle est embellie de plusieurs ornemens, particuliérement d'une Croix enrichie de diamans & d'autres pierres fines de grand prix. Tout autour de cét Edifice sont vingt-six Urnes de marbre noir avec des moulures de Bronze doré, soûtenues chacune de quatre griffes de Lion qui sont de cette même matiére, dont la dorure est trés-belle : elles ont leurs niches séparées & superbement enrichies, disposées de quatre en quatre les unes sur les autres, comme sur des Tablettes. Celles qui sont déja occupées ont des écriteaux de bronze en champ d'or où sont écrits les noms de ceux ou de celles qu'elles contiennent, & les autres sont destinées pour l'avenir.

Charles-Quint qui nâquit à Gand en Flandres l'an 1500. le 24. Février, & mourut en 1558. le 21. Septembre, étoit fils de Philippe Premier & de la Reine Jeanne de Castille. Son corps fut transferé au Pantheon par le commandement de Philippe second son fils, le 4. Février 1574.

Corps des Rois & Reines qui sont dans le Panthéon.

Philippe second qui en est, comme j'ai dit, le Fondateur, né à Valladolid l'an 1527. le 21. Mai, fils de Charles-Quint & de Madame Isabelle mourut dans ce Monastere le 13. de Septembre l'an 1594. & y est aussi inhumé.

Philippe

Philippe III. qu'ils appellent le Patron du Pantheon, fils de Philippe second & de la Reine Anne sa quatrième femme, né à Madrid le 14. Avril l'an 1578. où il mourut le 31. Mars 1620. est aussi en ce lieu.

Philippe IV. fils ainé de Philippe III. & de la Reine Marguerite d'Autriche, né à Valladolid en 1605. & mort à Madrid le 17. Septembre 1665. est dans l'urne, qu'il avoit choisi lui même de son vivant.

Vis-à-vis de ces Tombeaux sont les femmes de ces Roys dans de semblables Urnes, savoir.

L'Imperatrice Dona Isabella qui fut la seule femme de Charles-Quint, laquelle étoit fille de Don Emanuel de Portugal. Elle mourut à Toléde le premier Mai 1539. & fut transportée le 4. Février 1574. de Grenade dans ce Monastére.

La Reine Anne quatrième femme de Philippe second, fille de l'Empereur Maximilien II. & de Madame Marie sœur dudit Philippe, née à Ygalos prés de Valladolid le 2. Novembre 1549. mourut à Badajos le 26. Octobre, 1580. & fut mise dans ce lieu la même Année le 11. de Novembre.

La Reine Marguerite femme de Philippe III. y est aussi inhumée. Elle étoit

toit fille de l'Archiduc d'Autriche & de Marie, fille du Duc de Baviére, & niéce de l'Empereur Ferdinand frére de Charles-Quint. Elle nâquit à Graiz le 25. Decembre l'an 1584. & mourut dans ce monaſtére le 3. Decembre 1611.

La Reine Iſabelle de Bourbon premiere femme de Philippe IV. fille de Henry de Bourbon ſurnommé le Grand, Roy de de France & de Navarre & de Marie de Medicis. Elle nâquit à Fontainebleau le 22. Novembre 1603. & mourut dans le Palais de Madrid le 6. Octobre 1664. elle a été fort regrettée & chérie des Eſpagnols. La grande vénération qu'ils avoient pour cette Princeſſe a fait qu'elle a été miſe en ce lieu, bien qu'elle n'eut point laiſſé d'Enfant mâle; car il n'y a que les Reines qui mettent au monde des Princes qui puiſſent être miſes dans le Pantheon.

Il y a deux Caves joignant le Pantheon où ſont vingt-deux corps de Rois qui ſont morts avant ceux-ci. Les portes ſont ſur le degré. Nous nous contentâmes de les voir par le trou de la ſerrure : c'eſt auſſi le lieu où l'on met les Princes de la Maiſon d'Autriche.

Au milieu de ce Pantheon il y a une Lampe fort eſtimée, les quatre Evangeliſtes, comme Peres des lumiéres la ſoutiennent

nent de même que les Anges, qui font autour, dont la matiere est de Bronze doré: elle a été faite à Gennes par un des meilleurs Maîtres d'Italie. Ces Messieurs les Moines nous la firent remarquer comme une piéce considerable : mais ce qui me donna le plus dans la vuë furent les seize Pilastres de Jaspe de plusieurs couleurs de 16. piés de hauteur & d'un & 3. quarts de diamétre; & quelques autres de marbre enrichis de moulures de Bronze doré posez en perspective derriére ces premiers qui sont d'ordre Corinthien, soutenant cét édifice, qui charme tous les spectateurs.

Il n'est pas difficile de se persuader par la description que je viens de faire de cette maison, que le revenu en est considérable, par les Domaines qui dépendent de ce Monastére Royal. J'aurois souhaité de savoir au vrai son revenu & à quoy peuvent monter toutes ces grandes dépences: mais ceux de qui je m'en suis enquis ne conviennent pas entr'eux. Il y en a cependant, qui croyant le bien savoir, m'ont dit que leur revenu alloit à quarante mille écus; mais que cela n'étoit pas fixé & qu'il y a des années qu'il ne va qu'à quatre vingt mille livres; sur quoi ces Moines sont obligez d'entretenir la maison.

A l'égard de ce qu'a coûté à faire ce grand Bâtiment, les uns prétendent qu'il revient à vingt-trois millions de Ducats, les autres à vingt-cinq; & il faut remarquer qu'en ce temps-là les Ducats valoient monnoye de Vellon quatre livres de la nôtre, & cela monteroit monnoye de France à cent millions de livres: mais ces Religieux disent que le tout ne revient au plus qu'à la moitié. Je ne sai si c'est qu'on leur a reproché plusieurs fois que tout l'argent d'Espagne y avoit été employé: mais ils sont demeurez d'accord que l'Eglise seule avec ses peintures, ses figures de bronze, ses Oratoires, Orgues, Livres & autres ornemens, revenoit à deux millions 240. mille ducats, qui faisoient alors monnoye de France plus de huit millions de livres. Ils conviennent aussi que la Sacristie revient à quatre cens mille ducats, qui font seize cens mille livres de nostre monnoye. La Peinture du Cloistre principal 38171. ducats, qui font 152684. livres monnoye de France. La Peinture de la Bibliotheque revient à 50892. ducats; monnoye de France 203568. livres; de maniere que je n'ay pas de peine à croire que le tout revient à beaucoup plus que ce qu'ils disent. J'ai oublié de remarquer que leur Supérieur est traité comme un Grand d'Espagne, & se

cou-

couvre devant le Roy. On dit que Philippe second, aprés y avoir fait travailler 38. ans eut la satisfaction de le voir achevé 14. ans avant sa mort; ce qui est d'autant plus remarquable qu'à considérer ce lieu, on diroit qu'il y auroit eu du travail pour la vie de plusieurs Rois. Il y a un peu moins de quatre mille fenêtres toutes peintes de verd; & ce qu'il y a d'étonnant, c'est qu'on y compte douze mille portes y compris celles des avenuës. Il est constant qu'en certains endroits vous diriez d'un labirinthe, & qu'il seroit trés-facile de s'y égarer. Il y a quatorze grandes entrées principales d'une architecture merveilleuse; les Fontaines qui sont dans les Offices, dans les cours, dans les Jardins & ailleurs, où elles sont nécessaires, passent le nombre de quatre-vingts six. Pour la communication de cette maison, il y a plus de quatrevingts escaliers, dont quelques uns sont extrémement hauts & d'autres d'une trés-belle invention. L'appartement Royal loge le Roi, la Reine, & toute leur Cour. Ces Princes y vont souvent lorsqu'ils sont majeurs. Il y a toûjours deux cens Religieux dans cette maison, c'est pourquoi il y a cinq Infirmeries deux au dedans & 3. au dehors; & ce n'est pas avoir vû l'Espagne, si l'on n'a vû cette Maison.

Le

Le Roy d'Espagne a encore autour de Madrid plusieurs petites maisons qui sont plûtôt des retraites de chasse : mais Arangues mérite bien qu'on en dise un mot avant que quitter les environs de Madrid.

D'Arangues Maison Royale.

ARangues est la Maison de plaisance la plus belle qui soit dans la Castille. Elle est sur le chemin de Toléde à sept grandes lieües de Madrid. On va la voir par curiosité, comme on fait en France Versailles, Fontainebleau, Chantilly & autres. Philippe Second commença à la faire bâtir. Elle n'est ni achevée, ni meublée, & ce qui en paroit est de brique & de pierre de Taille. Il y a devant le Château une grande place pour courre les Taureaux, où régne tout autour une Galerie pour y mettre les Spectateurs. Il y en a une autre qui conduit à plusieurs appartemens où nous logeâmes & où logent ceux qui suivent la Cour, quand le Roy va s'y divertir. Le Parc en est trés-beau & les allées admirables. Les arbres en sont si grands & si toufus, que le Soleil, quelque force qu'il puisse avoir en ce climat, ne peut les percer de ses rayons. Il y a dans le jardin beaucoup de Fontaines & une grande quan-

pag. 68

1. Arangües 2. Le Grand Parc
3. la porte des Taureaux 4. Tage
5. Camara 6. Grotte de Vesius
7. Fontaine des 4 Arbres
8. Isles 9. Pavillons

quantité de jets d'eau dont la plus grande partie ne joüent que quand on les fait aller. Ces Fontaines font revêtuës de Statuës de Bronze & de Marbre, qui font trés-belles. Elles ont toutes leur nom. Les plus eſtimées font Jupiter & Venus dont l'une revient à vingt mille ducats, qui faiſoient monnoye de France en ce temps là quatre-vingt mille livres.

La ſituation de ce lieu eſt la plus heureuſe du monde. Le Tage & la Carama qui font deux Riviéres conſidérables y traverſent le Parc & y font en pluſieurs endroits des iſles fort agréables. En entrant dans le grand Jardin on paſſe le Tage ſur un petit pont de bois. Il fait en cet endroit une caſcade naturelle, trés-agréable. On trouve à cent pas de-là une Fontaine qui jette une infinité de petits filets d'eau & beaucoup d'autres qui ſortent de terre pour faire mouiller les gens quand on veut ſe divertir. Il y en a de ſemblables en beaucoup d'autres endroits. L'eau fait un bruit à la pointe d'une terraſſe ſemblable au ramage de pluſieurs oyſeaux. Il y a auſſi un lieu qui ſemble n'être fait que pour s'aſſeoir & où en ſe repoſant on eſt fort mouillé. L'eau fait auſſi ſonner de la trompette à un marmouſet qui eſt dans un petit cabinet. Le plus agreable à mon ſens,

eſt

est celui qu'on trouve dans un bôcage où quatre jets d'eau sortant du haut de quatre grands arbres, viennent tomber dans le bassin de la Fontaine. Il est aisé à comprendre que tout cela ne s'est pas fait sans une grande dépense: mais si nous avions un semblable lieu prés de Paris, il est sur qu'on y feroit des choses incomparables, au lieu de tous ces petits collifichets. Il y a beaucoup de Daims, de Chevreuils & de Sangliers, nous en tuâmes un trés-puissant, & au moins 80. Lapins; car le gibier y est en grande quantité; le Roi y fait nourrir environ deux cens Chameaux.

Je ne puis m'empêcher de dire que revenant d'Arangues nous dînâmes à un gros village nommé Valdémoro; & que comme je me promenois, il vint à moi un homme avec un panier de figues qu'il me présenta à acheter. Ceux du pays disent qu'elles donnent la fiévre & craignent d'en manger: comme je lui parlois de cela, il survint un bouffon qui me dit qu'il les mangeroit toutes en les jettant en l'air & les recevant dans sa bouche les unes aprés les autres, si je les voulois payer. Il est vray que pour cinq ou six sols j'eus le plaisir de les voir manger à cét homme avec une trés grande adresse sans en manquer une seule, bien qu'il les jettât assez haut, & qu'il y en eut plus de cent. *Des*

Des Maximes, Mœurs & Coûtumes des Espagnols.

POur parler en général des Espagnols, on peut dire qu'ils sont ordinairement fiers & hautains, se croyant au dessus de toutes les autres Nations: ils sont néantmoins civils & honnêtes à ceux qui ont quelque déférence pour eux; fort jaloux de leurs femmes & de leurs maîtresses, irréconciliables, quand ils croyent avoir été offensez, comme je le ferai voir par des exemples, que je raporteray cy-aprés. Ils font peu de cas du boire & du manger, & donnent plus au faste qu'à toute autre chose. Ils sont faineans & paresseux, & se mettent peu en peine des affaires de leur prochain, aimant le repos & la molesse, le peuple, comme les personnes de qualité. Leurs manieres sont indifférentes; ils sont tumultueux, pour la pluspart. Les gens de Cour sont beaucoup plus raisonnables que les autres, & particulierement ceux qui sont sortis du Royaume. Mais il leur arrive peu de voyager, excepté aux Indes ou en Flandres; quand les Emplois les y appellent. A l'égard du Commun, il se soucie peu des affaires de l'Etat ni de ce qu'ils deviendront. Ils sont fort portez à la colere

lere, quoi que lents à la faire éclater pour mieux prendre leurs mesures, à faire réussir leur vengeance. Ils ne s'engagent pas facilement avec les Etrangers dont ils font en général très-peu de cas, & la charité est très-rare pour eux en Espagne. Ils ont un extérieur de Dévotion qui pourroit tromper aisément, si elle n'étoit acompagnée de quantité d'actions indécentes, & perfides, n'ayant pas de honte de faire servir leurs Eglises de Théatre à leur vengeance & de rendez-vous de plusieurs choses que la pudeur m'empêche de nommer. Ce qu'on peut dire à leur avantage, c'est qu'ils sont parfaits amis quand ils sont venus jusqu'à vous aimer ; mais cela est si rare, qu'on ne doit pas trop les en loüer.

Ils sont assez bien faits de leurs personnes, hauts & droits, & moins contrefaits qu'ailleurs. Les femmes y sont petites, les Enfans d'une belle venue. On commence à les habiller à l'âge de quatre mois. On les éléve la téte nuë & on ne leur met que peu souvent des coeffes & des beguins, encore est-ce quand on croit qu'ils sont incommodez. Ils couchent tous sans bonnet ; les femmes sont fort curieuses de leurs habits qui sont de cinq ou six juppes les unes sur les autres. Leurs corps de juppe sont tout ouverts par derriére, de sorte qu'on qu'on leur voit la moitié du dos, parce qu'elles ne portent point de mouchoir de col. Le devant de leur corps couvre une grande partie de leur gorge & leur serre si fort les bras qu'elles en paroissent toutes contraintes. Elles sont chaussées fort bas, aussi bien que les hommes, & trés mignonement, bien que leur chaussure ne paroisse que peu; ayant toûjours leurs jupes abbattues, & faisant un grand scrupule de montrer leurs Piés, ce qu'elles ne font que quand elles ont accordé ce que nous appellons et France la derniére Faveur. Encore est-ce en particulier qu'on peut espérer cette faveur, permettant plûtôt toutes les autres bagatelles, que celle là. Elles ont de trés-grandes manches, aussi bien que les hommes; les uns & les autres les portent tailladées comme on les a vuës autrefois en France. Icy, leur passion est d'avoir des Montes, des Bagues, des Rubans, des Evantails. Les Poinçons & les pendans d'oreille y sont d'une extraordinaire grandeur: & comme toutes n'ont pas le moyen d'en avoir de Pierres fines elles se servent de fausses, sur quoi nos Marchands François gagnent beaucoup à Madrid, car il s'y en débite quantité. Elles appelent tous ces bijoux *Galas* & c'est là qu'elles employent l'ar-

D gent

gent qu'elles peuvent avoir de leurs ge-
lans.

Lorsqu'elles sortent elles mettent des Mantes de taffetas noir garnies de grandes Dentelles faites exprés, qui les couvrent depuis la ceinture jusques par dessus la Tête: cela va assés bien à celles qui ont l'adresse de s'en servir, les faisant aller de plusieurs côtez en les haussant & les baissant, ce qui donne un certain air à quelques unes, qui n'est point desagréable. Elles portent en hiver, qui n'y duré pas longtemps, des manchons d'une extraordinaire grandeur, trois fois plus longs que les nostres & larges à proportion. Celles qui sont au dessous des bourgeoises & les servantes portent des couvertures ouvragées, au lieu de ces mantes, & se cachent presque toutes le visage, quand elles vont par la ville, principalement celles qu'on prétend être prudes.

Les hommes n'affectent pas d'être lestes, & les gens de qualité bien moins que les autres; je crois que ce pourroit être pour se distinguer du commun; ils ne s'habillent pour la plûpart que de drap noir en hiver & d'une méchante étoffe noire en été qui coûte cinquante sols l'aune & qu'ils appellent de la baguette. Ils portent leurs manteaux fort longs, leurs grégues

gues trés étroites, & un jupon qu'ils ferrent d'une ceinture & deſſous un buffetin & quelquefois deux, craignant l'air qu'ils eſtiment fort ſubtil, capable de leur cauſer des rhumatiſmes & paralyſies: ces noms leur étant inconnus, ils appellent indifferemment ces maladies *Bubas del Ayeré*, qui veut dire verolle de l'air; j'en parlerai dans la ſuite. Leurs chapeaux ſont quarrez & plus larges par le haut que par le bas. Les bords doublez de taffetas, & la forme à peu prés de la hauteur des nôtres. Au lieu de rabat ils eſtiment une eſpece de rotonde faite de carton, ſur lequel eſt tirée une toile empeſée & façonnée de pluſieurs pinces, qu'ils appellent, *Golille*, c'eſt une invention bien incommode & qui contraint fort, comme le reſte de leurs vêtemens. Elle vous fixe le mouvement du col, & de la tête, & vous rend l'air grave malgré que vous en ayez. Quelques uns ne s'en accommodent pas, & portent de grand rabats qu'on nomme *Balones*. Ils vont juſqu'à la moitié des épaules avec de ces anciennes dentelles à dents de rat. On peut dire que ceux cy aiment mieux leur liberté que la bienſeance de leurs Péres. Les gens du commun, qui ont quelque bien, dépenſent volontiers en habits, & portent des culottes de velours à fleurs, & le le jupon de satin. Le Maréchal qui ferroit nos chevaux étoit vétu de cette maniére, avec l'épée au côté: car excepté les Medecins, les Avocats, & les Eccésiastiques tous la portent généralement; & ceux-ci ont la Dague sous leur habit long, dont ils se servent fort bien dans l'occasion. Lors qu'ils reçoivent des emplois pour aller hors du Royaume, ils se mettent en habit de couleur & à la Françoise, & vont à la Cour de cette maniére quelque temps avant que de partir. Les femmes de qualité portent des Mantes de couleur lors qu'elles vont en campagne, avec des bonnets de velours à l'Angloise, garnis de belles aigrettes. J'en ai vû dans cet ajustement, qui avoient fort bon air. Les femmes de campagne & autres portent des chapeaux. Leurs coëffures sont seulement de leurs cheveux, qu'elles cordonnent avec beaucoup de rubans, & les laissent pendre par derriere leur tête, qui n'est jamais couverte que de leur mante, quand elles vont en ville.

Pour leurs maniéres, elles sont artificieuses & fort engageantes, voulant toûjours vous persuader de leur grande amitié; mais elles ne font jamais ces avances, que vous ne leur en ayez fait par des présens. Ceux qui leur donnent le plus sont toûjours les

plus

plus honnêtes à leur égard. Elles disent qu'un homme n'aime point s'il n'est liberal, & que la plus sensible marque d'amitié est de se ruiner pour elles.

Les plus économes composent avec ces concubines, & savent ce qu'ils leur doivent donner par jour. Ils les tiennent dans des maisons particuliéres qu'on nomme Cases de respect. Ils les enferment sous la clé, de crainte qu'elles ne sortent, ou qu'en leur absence quelqu'autre ne vienne les voir. On appelle ces hommes-là, *amancebados y casar se a mediacarta*, c'est-à-dire être marié à moitié.

Quand on rencontre les Espagnolles seules & sans hommes, soit par la ville ou dans d'autres lieux, il est permis de leur demander tout ce qui vient dans la pensée sans craindre qu'elles s'offensent ; & même si vous les laissez passer sans dire quelque galanterie, qu'elles appellent *ajaçacos*, elles font peu d'estime de vous. Cette maxime est tellement établie en ce pays, que si un laquais trouvoit une femme de qualité seule, il pourroit sans offense, lui tenir des discours impudiques. Aussi les prudes ne vont-elles jamais qu'accompagnées & particuliérement à pié, ayant toûjours leurs maris à leurs côtez, ou quelque petit garçon devant elles ; car c'est une
infolence

insolence trés-grande parmy eux que de parler à une femme qui est avec un homme, & j'en ai vu de trés grands malheurs arrivez à nos François, qui ne savoient pas encore leurs maximes. Je puis dire qu'on a tué dans le temps que j'ai demeuré à Madrid plus de trente personnes pour ces sortes d'affaires; & soit de jour ou de nuit, ils font si bien qu'ils en ont raison; car ils n'attaquent qu'à leur avantage & qu'ils ne se sentent les plus forts; leur maniere ordinaire est d'attendre ceux qu'ils prétendent les avoir offensez, prés de quelque Eglise & de leur donner par derriére quelque coup de mousqueton ou quelque coup de poignard; parce que ce leur est une retraite assurée pourvû qu'ils ayent seulement le pié sur la porte. Il y en eut un si désesperé qu'il alla tuer un homme qui entendoit la Messe au pié de l'Autel dans un Monastére qui étoit dans mon voisinage. Ainsi le plus court est de s'en défaire quand on est assez malheureux d'avoir eu quelque differend avec eux, ou de prendre le parti de quitter le Pays; car leurs accommodemens sont presque toûjours simulez, & une ou deux années aprés il est ordinaire d'en voir arriver des suites funestes.

Le soufflet en Espagne ne peut être vengé que par la mort de celuy qui l'a donné né, & celuy qui l'a reçu ne doit pas perdre le temps de poignarder son Ennemi & de mettre en usage toutes sortes de moyens pour le faire. Il ne doit pas même appréhender qu'on l'arrête, quand on saura le sujet, n'y ayant Personne qui ne lui aide à se sauver.

Jetter aussi son chapeau aprés quelqu'un est une trés-grande offense parmy eux, & plus que de recevoir des coups de Bâton: car si celuy qui les aura reçus, peut en jettant son chapeau atteindre celui qui les lui aura donné, il est assez vengé, selon leur maxime.

Les coups de chandelier, ou en faire le semblant sont encore des actions impardonnables, & qui se gardent long temps, quelque précaution que les amis des deux parties y puissent aporter.

Les coups de poing les offensent moins que de les fraper du plat de la main, parce qu'ils estiment que c'est mépriser leur valeur, & une marque qu'on s'inquiéte peu de la deffense qu'ils peuvent faire.

Ils ont peu d'application & particulierement pour les choses qui leur donnent la moindre peine; c'est pourquoi ils bornent facilement leur ambition. Peu de gens du commun peuple s'élevent, & la pluspart de ceux qui sont dans les affaires, y viennent

au-

autant par leur naiſſance & par une certaine ordination, que par leur ſavoir faire.
Les Indes ſervent à les gâter furieuſement,
étant le ſeul voyage qu'ils ſouhaitent de
faire, pour s'enrichir, & venir diſſiper le
bien qu'ils y ont aquis, dans la luxure, qui
régne à Madrid par deſſus toutes les autres Paſſions. La plûpart des gens de qualité ne ſe cachent point de cette débauche, ſe paſſant plûtôt de toute autre choſe pour y ſubvenir. Cependant ils ne ſe
meſallient jamais, & c'eſt ce qui fait que
leurs maiſons ſe ſoûtiennent davantage.

Leurs femmes ſont leurs eſclaves, comme ils le ſont de leurs maîtreſſes. Ils
font tout pour celles-ci & trés-peu pour
les autres. Leurs bâtards y ſont reſpectez,
& guéres moins eſtimez que les légitimes.
Si le Pere vient à manquer la famille en a
grand ſoin. J'en connois qui ſont deve-
nus uniques heritiers de trés grans biens.
La coûtume l'a introduit, & cela ſe fait
ſans ſcandale.

Ils mépriſent tellement le travail, que la
plûpart des artiſans ſont étrangers; & l'on
compte plus de vingt mille François dans
Madrid, & plus dans Séville, la pluſpart
Auvergnats. Auſſi ſe diſent-ils tous Gentilshommes ayant peu de reſpect pour les
Grands; ni les uns pour les autres. Ils ne
tiennent

tiennent point à honte de prêter & d'emprunter sur gages, & cela se pratique librement.

Ils sont trés-sobres chez eux, & n'ont aucune curiosité pour leur boire & manger. Les plus grands Seigneurs ont leur *olla* c'est à dire, soupe d'un quartier de volaille avec un peu de bœuf & de mouton. Ils donnent à leurs gens leur argent à dépenser. Ils boivent trés-peu de Vin, & la Table d'un honnête Bourgeois de Paris y est meilleure, que celle d'un Grand d'Espagne : cependant l'air y est subtil & dévorant.

L'yvrognerie en ce Pays passe pour une chose abominable. C'est pourquoi ils appellent les Etrangers *Bourrachos*, qui signifie yvrognes, & particuliérement les Allemans. Il est vrai qu'ils sont furieux quand ils ont bu ; & je croi que la violence de leurs vins & la grande chaleur de l'air y peuvent contribuer beaucoup. Il m'a paru qu'ils aiment assez la bonne chére, quand ce n'est pas à leurs dépens. Ils se festinent rarement, & mangent presque toûjours en leur particulier. Ils n'ont point aussi d'Officiers pour accommoder proprement à manger. Le plus grand Régal qu'ils se font, est de chocolat. On ne peut s'imaginer la dépense qui s'en fait en

Espagne. Dés que vous entrez dans une maison un peu diſtinguée, le premier compliment eſt de vous prier de prendre le chocolat, qu'ils vous preſentent dans des vaſes de cocos avec de petits biſcuits, dont ils ont toûjours proviſion. Ils tiennent auſſi pluſieurs ſortes d'eaux à la glace qu'ils font boire en été; & il y a tels Grands Seigneurs, qui dépenſent juſqu'à vingt mille livres par an en ces ſortes de bagatelles.

Le Tabac en poudre eſt encore un de leurs grands amuſemens. C'eſt une ferme en Eſpagne qui vaut tous les ans au Roi une ſomme conſiderable; & quand une femme a quelque deſſein de vous embarquer, elle commence par vous demander du Tabac ſoit dans l'Egliſe, ou ailleurs, afin de paſſer au reſte plus aiſément.

Ils ſont naturellement trés-mal propres, & particuliérement où ils couchent, mangeant & faiſant toutes choſes dans leur lit. Ils y entendent même la Meſſe, quand le temps eſt un peu fâcheux; & il n'eſt pas juſqu'au Payſan qui ne s'abſtienne de venir au marché vendre ſes Denrées, quelque beſoin qu'il aît d'argent, s'il fait tant ſoit peu de pluye ou quelqu'autre mauvais temps; ce qui fait qu'il eſt mal-aiſé de traiter un ami à Madrid, ſi vous ne vous préparez quelques jours avant que de le vouloir avoir chez vous. Voic

Voici encore quelques remarques sur le chapitre des Dames. La plus misérable vous accorde rarement la première fois que vous la voyez aucune faveur. Elles font cas du secret, des billets doux & autres galanteries, sur tout quand elles sont accompagnées de présens.

Elles font scrupule de s'engager à ceux qu'elles croyent l'être avec quelque autre; & les hommes se portent un grand respect là dessus: jusqu'à ne pas regarder la porte de la maison où demeure la maîtresse de leur ami. Ce qui est étonnant, c'est qu'on ne voit point de ces femmes être à leur aise. Elles mettent, comme j'ai déja dit, tout leur argent en bagatelles, & sont souvent contraintes d'aller à l'Hôpital à la moindre disgrace qui leur arrive, & qui naît bien souvent avec elles; car c'est une infection si générale, qu'il y a peu de sureté, pour ne point dire du tout, parce qu'elles disent que c'est où se montre la force de l'amour, que de s'attacher à un homme gâté & rempli d'ordure.

Leur paresse va à une si grande extrémité, que bien souvent pour ne pas se lever de dessus leur siége, elles me remettoient à un autre jour pour me vendre ce que je leur demandois à acheter. Ils font tous *la Siesta*, qui est de dormir aprés le dîner, & vous auriez toutes les affaires du monde à leur communiquer, qu'il faudroit attendre qu'ils fussent éveillez. On ne voit guéres de gens en été dans leurs ruës depuis midi jusqu'à cinq heures du soir. Les plus foibles artisans boivent à la neige ou à la glace; ce qui fait encore une ferme au Roi de même que le Tabac.

Ceux qui vendent à poids & à mesure trompent souvent, si vous n'y prenez garde; & quoi qu'ils en soient trés-rudement châtiez par la Justice quand elle les surprend, ils ne laissent pas de retomber dans la même faute, s'abandonnant au courant de leur inclination.

C'est ce que nous appellons coups d'estramaçon qu'ils appellent Couchillades.

Il y a des Espagnols trés-braves, & qui se battent trés-bien l'épée à la main. Ils font des armes autrement que nous, s'appliquant toûjours à donner du Tranchant sur la Tête, & rarement de la pointe, à moins de joindre leur homme avec le poignard; en ce cas ils se cherchent le ventre, étant tous garnis de bons Buffetins & de cottes de mail. J'ai ouï faire le recit de beaucoup de beaux combats faits par eux. Ils craignent naturellement les armes à feu. Ils se servent inconsidérément les uns les autres, & vont comme on les méne. Entre ces braves de Madrid, on compte quatre mille Maçons, qui se font redouter.

Ils

Ils se nomment *Albaniles*. Il y a des *Guapos* qui sont des Breteurs cherchant la nuit les bonnes fortunes; & comme les nuits y sont fort fraîches, on en passe la plus grande partie en été à se promener. Ils portent des Broquels qui servent à parer, & sont d'une grande deffense. On tient long-temps avec ces boucliers avant que d'être blessé. Il est à remarquer que dans ces avantures de nuit, les Courtisanes y sont moins chéres des trois quarts qu'elles ne sont de jour, parce qu'elles cherchent comme les hommes; plusieurs livres Espagnols sont pleins de ces Rencontres.

Ces Messieurs ont l'extérieur fort galand, & pour peu de civilité qu'ils reçoivent, ils la rendent au double. Les Ministres ne rebutent point les gens qui ont affaire à eux, si ce n'est par leur lenteur naturelle. Ils ne vous disent jamais qu'ils ne feront pas les choses, & vous amusent par de belles esperances. C'est aussi la politique des Dames en fait de galanterie: car la plus modeste & la plus honnête, quoi que vous lui disiez, ne vous dira jamais de ne point penser à elle. C'est là une de leurs maximes générales.

De leurs Processions.

ILs font beaucoup de Processions, & les plus considérables se font la semaine Sainte & à l'Octave du Saint Sacrement, qu'ils appellent la fête du *Corpus Christi*. J'allai voir passer celle du Jeudi & Vendredi Saints, où je croi qu'il y avoit plus de six mille personnes. Tous les Corps de métiers & plusieurs Confrairies dont Madrid est rempli y étoient, même jusqu'aux Comédiens. Ils avoient tous l'épée au côté & un cierge à la main. Les Alcades de Cour & les autres avec la Justice & tous les Conseils y marchoient châcun dans son rang; on vit passer dans cette Procession plusieurs Théatres portez par des hommes, où étoit représentée la Passion de nôtre Sauveur. Plusieurs enfans portant des croix de bois suivoient ces machines. Il y paroit des hommes masquez & habillez de noir, les uns avec des tambours, les autres avec des flutes & plusieurs autres sortes d'Instrumens, qu'ils touchent fort tristement. En un mot ils s'efforcent de faire ce qu'ils croyent nécessaire pour bien representer un appareil lugubre & une pompe funébre.

Ils font passer sur la fin l'Image de la Vierge

pag. 87

Vierge, laquelle est représentée fort affligée de la mort de son cher fils nôtre Redempteur. Mais ce que la pluspart de nos François trouvérent de ridicule & dont même quelques Espagnols conviennent, c'est de voir certains Penitens vêtus de blanc, qui portent un grand capuchon de Toile fort haut, fort long, & fort droit, où tient aussi un masque de Toile qui couvre tout leur visage. Ils ont le dos tout nud jusqu'à la ceinture, & vont en cet équipage se foüetant par les ruës & se donnant la discipline avec des Cordelettes pleines de nœuds : & pour se mieux faire saigner la peau, ils ont de petites boules de cire attachées au bout de ces disciplines où il y a du verre en pointe avec quoi ils fustigent leurs épaules. Ceux qui se maltraitent le plus, sont estimez les plus braves. Quelques uns commencent cét exercice quinze jours avant Pâques & quelque fois plûtôt. Il y en a aussi plusieurs qui en meurent. On dit qu'ils se foüettent encore plus à Séville, qu'à Madrid, & qu'on en voit jusqu'à 7 à huit cens d'une bande. Nôtre Portier me dit qu'il avoit fait cela une fois, mais qu'il n'y retourneroit de sa vie, & me confessa que trois de ses amis en étoient morts cette année-ci. Je m'aperçus qu'on en ramenoit plusieurs par

Penitens.

dessous les bras, qui ne pouvoient se soûtenir. Il y a aussi des femmes qui s'en mêlent, & j'en distinguai une que je fis remarquer à la compagnie. Ce spectacle est affreux à voir : cependant quelques Espagnols me dirent, que ce que j'avois vu n'étoit rien eu égard à ce qui se faisoit autrefois. Mais une chose que j'avois peine à croire, & que plusieurs gens d'honneur m'ont assuré; c'est que beaucoup de ces gens-là font ces choses plûtôt par vaine gloire, que par dévotion. Il y en a qui, pour témoigner de l'amour à leurs maîtresses, mettent un petit ruban de leur couleur favorite à leur capuchon, afin d'en être reconnus. Lorsqu'ils passent où elles sont, s'arrêtant en cét endroit, ils redoublent les coups de foüet. Nous fûmes trois grandes heures à voir cette Cérémonie. J'avois oublié de dire que tous les Couvents & toutes les Paroisses sont obligez d'y assister.

Le cinquième de Juin, jour de la Fête-Dieu, Monsieur le Comte de Molina pria Monsieur l'Ambassadeur & Monsieur D. G. d'aller à son Balcon, voir passer la Procession, que toute la ville va voir ce jour-là. Il y avoit encore plus de monde qu'au Vendredy Saint, & elle dura depuis dix heures du matin jusqu'à plus de deux heures aprés midi. Lorsque le Roy y assiste en Personne, cela fait une grande augmentation de monde, parce que toute la Cour y est ; mais il ne fut pas à celle dont je parle, parce qu'il relevoit de maladie. On y voit beaucoup de Boufons vétus de plusieurs sortes de couleurs, dont les habits sont chamarrez de galons faux. Leurs bonnets le sont de même, garnis de plumes & de sonnettes. Les uns dansent avec l'épée nuë, les autres avec des Castagnettes, des Tambours de Biscaye, & des flûtes.

Ces gens se mêlent dans la Procession, dont une partie marche devant le S. Sacrement, dansant, gesticulant, & faisant plusieurs postures, qui pourroient n'être pas aprouvées en d'autres Pays. Il n'y a rien de plus adroit & de plus souple que ces Sauteurs, qui se rendent tous les ans de Biscaye à Madrid pour cela. Ils vont pendant quinze jours sauter & danser chez les gens de qualité, pour avoir quelque chose. Ils portent aussi dix ou douze grandes figures de carton, qui représentent des Maures & des Morisques vétus royalement, avec le sabre au côté. Ils les appellent * *Los Gigantones de Madrid*. * Petits Géans.
Cette fête dure quarante jours ; parce que châque Paroisse fait aprés cela sa procession

cession dans son étendue. Les Ruës sont tapissées & sablées; il y a quelques Reposoirs de part en part, à quoi ils réussissent fort bien, ayant de tout temps une particuliére application à cela.

Le 6. & le 7. ils firent *los autos Sacramentales* c'est à-dire mot pour mot *les actes Sacramentaux*, qui sont des Comédies Spirituelles, que la ville est obligée de donner tous les ans au Roy & au Public. Il s'en représenta une dans la place du Palais, afin que la Cour put la voir des fenêtres. Les autres se font dans les principales places de Madrid.

Ils font une Fête, le jour de la S. Marc, qu'ils appellent *El Drappillo*. C'est une promenade qui se fait à une des portes de la ville nommée *Foncaral*, où le peuple se va réjouir. Ils y font porter dequoi faire collation. Les uns la font dans leur carosse, les autres la font sur l'herbe. M'étant informé de l'origine de cette Fête, parce que je trouvois ce divertissement un peu ridicule, la saison n'étant pas encore alors assés avancée pour se promener; on me dit qu'un Roy d'Espagne ne sachant à quoi se divertir à pareil jour s'avisa d'assembler sa Cour, & d'aller en grand cortége en ce lieu-là, & qu'un de ses Courtisans trouvant prés de cette porte un vieux chiffon
l'y

Drapillo veut dire Chiffon.

l'y pendit avec des cornes, voulant dire par là que c'étoit une occasion à les faire porter à bien des gens, pendant que beaucoup de maris & de galands y seroient occupés à se promener. D'autres m'ont dit que le Roy fit cela pour amuser le mari Jaloux d'une Dame dont il étoit amoureux, & qui lui avoit donné rendez-vous. Quoi qu'il en soit, ils ne manquent pas de faire la même chose tous les ans en ce jour, pendant à cette Porte des cornes & un chiffon. La Justice s'y proméne la barre levée. C'est une baguette blanche, qu'ils portent à la main pour empêcher les désordres qui arrivent souvent entr'eux dans ces sortes de réjouissances publiques.

Huit jours aprés, ils font encore une autre Fête nommée *Sotillo*. C'est un Bosquet sur les bords du Mançanares où ils vont danser & collationner sur l'herbe. Ils ont dans l'année plusieurs de ces promenades, dont ils sont grands amateurs. Cependant, excepté le jour de Pâques & ceux de la Fête des Taureaux, les boutiques sont toûjours ouvertes à Madrid, ne faisant aucun scrupule de travailler, vendre & acheter, même le jour de Noel, tout comme un autre jour. Quand ils ont pris une fois l'essor il n'y a pas de gens plus emportez.

Sotillo veut dire Danse.

Ils

Ils vont la nuit danſant avec les Caſtagnettes & la Guitarre, faiſant des cris extraordinaires. Les moindres artiſans joüent de cét inſtrument : & il y a plaiſir de voir le Boulanger & la Boulangére aprés avoir vendu leur pain, s'en retourner ſur leurs montures, & en faire leur divertiſſement. Il y a un village à deux lieües de Madrid, nommé *Vallecas*, où ſe fait la pluſpart du pain qui ſe débite dans cette Capitale; & c'eſt ſur ce chemin qu'on entend toutes ces folles réjoüiſſances. Avec tout cela ils ont une dévotion extérieure, qui ſurpaſſe celle de tous les autres Chrétiens; la plûpart portent de grands Chapelets, dont ils baiſent la croix cent fois le jour. Cela ſe fait dans les ruës avec oſtentation. Ils ne ſortent point d'une Egliſe ſans avoir à tous les Autels, donné quelques marques aparentes de pieté; bien que, ſortis de là, ils aillent commettre des actions bien différentes de ces premieres. Les femmes ſe confeſſent, & communient ſouvent; & les Confeſſeurs leur donnent de trés-rudes Pénitences. Auſſi les voit-on fort angoiſſez, quand ils ſont prêts de mourir. Ils jettent de grands ſoupirs, frappent leur poitrine, & geſticulent juſqu'aux derniers moments; cela leur étant naturel. Je pourrois en dire bien d'autres choſes fort plaiſantes

VOYAGE D'ESPAGNE. 93

fantes si la charité qu'on doit avoir pour son prochain ne me le deffendoit. Dans les derniers mois que je fus en Espagne j'allai quelquefois au Sermon qui ressemble bien peu aux nôtres & qui donne peu d'édification aux gens d'esprit.

Le 11. Juin, quelques Seigneurs & Parré-Gentils-hommes de la Cour coururent à cheval devant le Roy, pour le divertir, & lui témoigner la joye qu'ils avoient de sa convalescence. Ils étoient soixante, mis à leur mode fort proprement, étalant dans ces occasions leur broderie & leurs Bijoux. La plûpart monterent quatre Chevaux harnachés magnifiquement, pleins de gaze & de rubans, & les estaffiers qui les menoient, vétus de diverses maniéres, cette course se fait ordinairement le soir. Ils entrent deux-à-deux dans la carriére avec un flambeau de cire blanche à la main & allumé, poussant assez vîte leurs chevaux, qui sont d'une grande legéreté. Ceux qui arrivent le plus également au bout de la course sont jugez avoir le mieux fait. Les Dames, qui sont aux fenêtres à voir ce spectacle, pour marquer leur aplaudissement font alors danser leurs mouchoirs, & crient *Vitor*, comme elles font à la Fête des Taureaux, pour ceux qui réussissent bien. C'est-là la marque de leur aprobation.

De

De la Fête des Taureaux.

LE Dimanche 15. Juin je fus me promener au Pont de Ségovie pour voir les Taureaux qu'on fait sortir de *la caja del Campo* pour les conduire dans le *Toril*. C'est ainsi qu'on appelle le lieu où on les enferme; mais comme le plus grand divertissement du peuple est de voir ces animaux & les mettre en furie; ils en tuent toûjours quelqu'un en passant l'eau, de sorte que l'expérience leur ayant fait connoître que cela les gâte & les rend moins courageux on les fit passer la nuit. Ils donnent bien de la peine pour les faire entrer dans le Toril.

Le lendemain 16. on en courut quatre dans la place du Palais, comme c'est la coutume. Quelques Gentils-hommes les attaquérent avec de grandes lances. Les plus curieux ne manquent pas d'être là de grand matin, ce dont quelques uns ont toûjours lieu de se repentir; n'y ayant point d'endroit pour se mettre à couvert de ces Bêtes qui en culbutent plusieurs, & tuent même toûjours quelqu'un de ces Spectateurs; car pour ces gens qui sont à cheval avec des lances, il n'y a ni danger ni peril. Pour moi qui n'ai point d'extravagante cu-

curiosité, je me contentai d'aprendre que deux ou trois malheureux avoient été la victime de ces animaux.

Comme le temps s'approchoit d'aller voir cette Fête, qui se fait dans la grande place de Madrid, nous partîmes environ sur les deux heures du logis, pour nous rendre au Balcon que l'on nous avoit retenu; Comme le combat ne commença qu'à quatre heures, j'eus le temps de considérer les préparatifs de cette Fête. Voici la description de ce que j'en ai remarqué.

La Place est assés belle, située au milieu de Madrid. Ils l'appellent *La Plaça Mayor*; elle a 434 piés de long, 334. de large, & 1536. de circuit. Elle est environnée de 136. maisons toutes semblables, qui ont cinq étages avec autant de Balcons qui en font 680. étant la mode en Espagne d'en avoir à toutes les maisons, ce qui consume une grande quantité de fer. On dit que cette place loge plus de quatre mille personnes, & que les jours des Taureaux, elle en contient soixante mille. Il est constant que c'est une grande affluence de peuple & qu'il y en a ces jours-là, jusques sur les toits; mais je ne puis croire qu'il n'y aît de l'éxageration dans ce nombre. On peut se promener tout autour de cette Place sous une galerie, soûtenuë de de Pillaſtres, ſurquoi une partie des maiſons ſont bâties. Elle eſt d'un côté habitée par des marchands drapiers qui ont de belles boutiques & de beaux magazins. Le reſte eſt occupé par d'autres marchands de diverſes eſpéces. Le dedans de la place eſt où ſe fait le marché comme aux Halles à Paris. Les hommes vont y acheter les proviſions du ménage; car les femmes ne s'en mêlent point, comme elles font en France. Quelques jours avant la fête, l'architecte du Roi va voir dans toutes ces maiſons, s'il y a quelque groſſe reparation à faire, afin que le proprietaire y donne ordre, pour éviter les accidens qui en pourroient arriver. Ils ne ſont pas les maîtres de leurs maiſons ce jour-là, dépendant du Roi d'y placer qui bon lui ſemble. Tous les Officiers des Conſeils & de la Maiſon Royalle y ont leurs places *gratis*. Pluſieurs les donnent à leurs gens pour récompenſe, & ceux-ci en font de l'argent, quelques uns de ces Balcons étant loüez juſqu'à trente piſtoles. Il y a tout autour de la place des échaffauts dreſſez pour le Public, dont les moindres places ſont d'un Patagon. Elles appartiennent à la ville, qui en fait une ſomme conſidérable. Auſſi eſt-elle obligée de faire nettoyer la place, & de fournir

nir une partie des Taureaux dont cinq
font courus le matin en ce lieu par la Canaille, depuis dix heures jufques à midy.
Nonobftant cela, il n'y a point de fête
qui ne coûte au Roi quarante mille écus
étant obligé de donner à tous fes Officiers des Bougies & autres petits prefens
qu'ils appellent *Propinas*.

On publie cette fête deux ou trois
jours avant qu ede la faire, afin de donner du temps pour tous ces préparatifs,
& la veille, la grande promenade de Madrid s'y fait fur le foir, où l'on n'entend
que des guitarres, des harpes, des caftagnettes. Ce ne font que jeux & que ris,
& il eft permis ce jour là de fe dire des
fottifes & de faire des boufonneries, qui
dans un autre temps attireroient des conchillades, & des coups de Poignard.

Il faut avoüer que ce fpectacle a quelque chofe de grand, & qu'il eft agréable de voir à tous ces balcons cette grande quantité de monde, où tout eft paré
& orné de belles tapifferies. Cela ramene dans l'idée les fêtes des anciens Romains. Je confiderai avec plaifir les differens incidens, qui y arrivent ordinairement; n'y ayant point de galand ce jour
là qui ne fe faffe un point d'honneur de
bien placer fa Dame, de faire trouver à

E   fon

son balcon, ou à sa niche, des eaux, des confitures, & ce que la saison offre de meilleur : & cela depuis le plus grand jusqu'au plus petit, car tel Espagnol n'aura pas de pain chez lui, qui engagera tout dans cette rencontre pour satisfaire sa passion, & ce qu'il doit à ses inclinations, ce qui peut faire croire aisément, que toutes ces choses font naître des disputes entr'eux qui servent de divertissement à ceux qui comme moi, n'y ont point de part.

Environ sur les quatre heures, la Compagnie de la Garde Espagnole commença à paroître fort proprement mise avec des plumes sur leurs chapeaux, leurs habits de velours jaune avec leurs Jupons, & les chausses tailladées à la Suisse par où sortent des bandes de tafetas cramoisi. A leur tête étoient leur Capitaine & leur Lieutenant fort lestement vétus de Justaucorps en broderie, de petites Bottines blanches proprement tirées sur la cuisse, & les éperons d'argent. Leurs chapeaux garnis d'aigrettes blanches mêlées d'un peu de noir; ils étoient montez sur de trés-beaux Chevaux caparaçonnés magnifiquement, & leur crin ajusté de quantité de rubans, qui leur pendoient par devant presque jusques à terre. Aprés avoir fait un tour par la place avec la gravité naturelle à la Nation,

ils

ils se furent poster au dessous du Balcon du Roi & de la Reine. Cette Compagnie est de cent hommes. Elle fut créée en 1504.

Quelques mómens aprés la Garde Allemande entra ajustée aussi pour la Fête & s'alla poster avec les autres, aprés avoir fait aussi le tour de la place. Cette Compagnie est aussi de cent hommes.

Enfin la Garde Flamande entra avec ses Officiers faisant de même que les autres, & s'allant poster avec eux. On l'apelle autrement la Compagnie des Archers de la *Conchilla*, qui sont proprement les Gardes du Corps, & qui marchent immediatement devant Leurs Majestez. Ils furent créez par Philipe Premier. Elle est de cent hommes, comme les autres, auxquels on en joint autant, quand on transfére des corps à l'Escurial dans le Pantheon. Ils sont commandez par les mêmes officiers, & ne servent qu'en ces occasions.

Ces trois Gardes entrées, la Justice vient, qui fait aussi un tour par la Place, avec quelques Algousils, qui prennent garde qu'il n'y ait aucun désordre. Ils sont tous bien montez ce jour-là. J'oubliois de dire que les gens qui ont carosse font deux ou trois tours de Place, avant que d'aller à leurs Balcons. C'est où les Dames prennent

Algou-sil veut dire Sergent.

grand

grand soin de se faire voir avec tous leurs ornemens.

Dans ce même temps le Roy, & la Reine arrivérent à leur Balcon avec le Duc de Pastrane, autrement dit *de l'Infantado*, le plus riche, & le plus économe Seigneur de toute l'Espagne ; qui depuis cinq ou six mois avoit été fait Mayor Domo Mayor, qui est ce qu'on nomme en France Grand Maistre. Il étoit debout derriére le Roy & couvert la pluspart du temps, parce que sa charge & sa qualité de Grand donnent ce privilége. Au côté droit de ce Balcon étoient les Dames du Palais, qui sont les Filles & Dames d'honneur de la Reine ; & de l'autre les *Meninos* du Roi qui sont des Enfans de qualité, comme on en a vu autrefois auprés de Monseigneur le Dauphin, & tout autour sont placez tous les Conseils, & ce qui suit ordinairement la Cour ; cela ne fait pas la moindre beauté de cette Fête.

Le Nonce & les Ambassadeurs avoient de l'autre côté de la place leurs Balcons vis-à-vis de celui du Roi que l'Introducteur des Ambassadeurs a soin de leur faire marquer. Je dirai un mot de leurs Priviléges dans la suite.

Un quart d'heure aprés que le Roi fut arrivé, il fit signe de son mouchoir qu'on

fit

fit le *Despojo* de la Place qui veut dire le degagement, parce qu'elle est ordinairement pleine de canaille, qui s'y promene & qui trouble quelquefois la beauté de cette Fête. Les Gardes firent donc sortir promtement ce menu peuple qui se culbutoient les uns sur les autres. Cela fini, on vit en un instant cette place arrosée par environ cinquante charettes chargées de tonneaux pleins d'eau & enjolivées de feuillages. Les Gardes reprirent leurs postes fort serrez, parce que le Taureau va bien souvent à eux, & lors qu'ils le tuent sans sortir de leur place, ce leur est un revenant bon. Aprés cela le Capitaine des Archers parût devant le Roi sur un des plus beaux Chevaux noirs que j'aye vû de ma vie; Il n'avoit pour toute parure que les crins de devant garnis de rubans couleur de feu. Cét Officier étoit un homme bien fait, vétu de noir avec la golille, comme ils le font ordinairement, faisant faire cent courbettes à ce beau cheval, en parlant toûjours au Roi & à la Reine.

Pendant ce temps-là les *Torreadors* entrerent dans la Place montez sur de trésbeaux chevaux avec nombre de valets diversement vétus d'habits chamarrez de galons faux. Ils en ont plus ou moins suivant la dépense qu'ils veulent faire, & un nom-

Torreadors font ceux qui combatent contre les Taureaux.

nommé Savedra en avoit cinquante dans cette fête, qui portoient une livrée verte. On me dit que lors que les Grands combattoient les Taureaux devant Philippe IV. ils n'entroient point dans la Place fans avoir à leur fuitte cent de ces Eftafiers trés-magnifiquement ajuftez. Mais comme l'on étoit alors dans une minorité, ils faifoient leur cour autrement que par ces grandes dépenfes.

Ils n'ont rien d'extraordinaire pour l'ajuftement de leur perfonne, finon quelques Aigrettes blanches fur leur chapeau, vétus de noir en manteau & en fouliers, comme ils ont accoûtumé, & n'ont d'autres armes qu'un Sabre au côté & un Récon à la main, dont leurs gens portent plufieurs; parce que c'eft avec cette arme, qu'ils percent le Taureau : & ce Récon eft un fer comme celui d'une pique, mais un peu plus grand, au bout d'un bâton d'un bois fort caffant, & d'environ quatre piés & demi de longueur. Dans cet équipage, ils font auffi le tour de la Place faluant leurs Majeftez, & toute l'affemblée fort profondément, comme pour demander les vœux du Peuple, pour leur confervation : car ce jour-là le S. Sacrement eft expofé pour eux dans toutes les Eglifes de Madrid,

bien

bien que je n'y aye pas remarqué de péril éminent.

Toutes ces cérémonies achevées, il ne demeure dans la Place que ceux qui doivent combatre avec partie de leurs valets à pié, dont plusieurs sont fort hardis, il y reste aussi quatre Algousils bien montez, qui sont là pour commander qu'on fasse sortir le Taureau, qu'on le traîne hors de le Place lorsqu'il est tué, & donner leurs chevaux aux Torréadors si ceux qu'ils montent venoient à être blessez du Taureau & par conséquent hors de défense; cela étant, ils sont obligez de mettre pié à terre, & de se pourvoir ailleurs.

Il faut observer, que plus ils sont de combattans, moins ils sont en danger; parce qu'ils peuvent être plûtôt secourus en détournant le Taureau.

Tout étant dans l'état, que je viens de dire, le Duc de Pastrane comme Mayor Domo Mayor jetta la clé du Toril au premier Algousil, qui dés le moment courut à toute bride faire sortir un des Taureaux; & les Trompettes sonnerent le signal. Le Taureau parut donc sortant & bondissant avec impétuosité, parce qu'ils les aiguillonnent par certains trous pour les rendre plus furieux, & quand ils paroissent froids & sans vigueur, les valets les animent par

leurs

leurs sifflemens, les agaçant avec leurs chapeaux & manteaux, pour les faire aller à leurs Maîtres, qui l'attendent avec le Récon, & tâchent de le fraper dans un certain endroit au milieu des cornes, parce que ce coup est mortel. Mais peu trouvent cét endroit, & la plufpart ne donne qu'aux environs. Pour que leur coup foit bon, il faut que le tronçon du Récon leur demeure à la main, & que l'autre partie où est le fer demeure fichée dans le Taureau, dont quelques uns souffrent jufqu'à cinq, ou fix coups avant que de s'abattre ; les premiers bien fouvent ne faifant que les mettre en furie plûtôt que de les affoiblir. Je remarquai que deux de ces animaux ayant d'abord reçu le coup vers cette Partie que je viens de dire ne durérent guéres à caufe de la quantité de fang qu'ils perdirent, & furent bien tôt abatus.

La maniere de bien combattre, eft d'aller au pas du cheval à la rencontre du Taureau, & en le côtoyant, luy planter promtement le Récon & donner du Talon au cheval, pour le faire paffer derriére : car le Taureau ne fe tourne jamais. Tout cela fe doit faire fans perdre temps ; autrement on eft en danger, d'être bleffé ou d'avoir fon cheval tué, ce qui met la Perfonne en péril. Quand cela arrive,

les

les plus braves attendent le Taureau, sans faire aucun mouvement, à la porte du Toril; dans la seconde fête que j'ai vûë, il y eut un Torréador qui le fit, & qui tua le Taureau d'un seul coup dont il fut abbatu à ses piés, ce qui lui aquit beaucoup de loüanges. Dans ces occa- *Vitor* sions les Dames font danser leurs mou- *veut* choirs pour marquer leur estime, tout le *dire* monde criant *Vitor*, & faisant de grandes *Victoire.* acclamations.

Il faut savoir aussi que le misérable qui ouvre la porte du Toril, pour se mettre à couvert en la tirant, grimpe par derriére jusqu'au haut de cette porte, qui est grande, trés-forte & trés-épaisse.

Dés le moment que le Taureau est mort, & que les Torreadors l'ont abandonné, il reçoit mille coups d'épée de la canaille, qui, malgré les deffenses, qui en sont faites, se glisse dans la Place. Aprés cela l'Algousil le fait traîner hors de ce lieu par des mules proprement harnachées qui l'enlévent avec toute la vitesse possible.

On court ordinairement à ces Fêtes quinze ou seize Taureaux, dont quelques uns sont pour les chiens qui donnent beaucoup de plaisir. Les Taureaux en font sauter plusieurs en l'air, qui reviennent à la charge avec un courage admirable, montant sur eux, leur déchirant les oreilles, & les attaquant par toutes leurs parties.

Il y a aussi des gens du menu Peuple, qui ayant en main une espéce de demi pique, dont le bois est six fois aussi gros & aussi fort, & le fer large & long à proportion, se postent un genouil en terre devant le Toril, & le pié de derriére dans un petit trou pour être plus fermes, & attendent en cét état le Taureau avec beaucoup de résolution : lors qu'il paroit étonné de voir cette posture il ne manque point d'aller donner dedans; & quand l'homme est adroit, il le perce quelquefois de part en part ; & se couchant à côté il passe par dessus sans lui faire aucun mal. Il y eut de ces hommes-là à la premiére Fête où j'étois, dont l'un perça le museau avec cette barre, comme si cela eut été fait exprés, & le Taureau l'emportant fort animé de ce coup alla bondissant, donnant au travers du peuple & le culbutant en diverses manieres, ce qui donna fort à rire aux spectateurs.

Environ au milieu de la premiére Fête, il entra un bouffon grotesquement vêtu sur une espece de litiére découverte portée par deux anes parez de gaze, de quelques mechans rubans, & de feuillages, tenant en main une de ces barres
dont

dont je viens de parler. Ce misérable, croyant faire des merveilles, attendit le Taureau, qui aprés avoir reçu deux coups de récon fut à lui dans un coin de place, & le déconcerta auſſi-tôt en le jettant à terre, bienheureux d'en être quitte pour cela, & pour un coup de corne, qu'un de ſes ânes reçut par derriére, car les gens qui étoient ſur les échafaux détournérent ce Taureau avec leur épées, & ſi le combat eut été au milieu de la place c'étoit fait du pauvre *Cavallero andante*, & cette plaiſanterie auroit bien plus diverti les ſpectateurs. Je crus d'abord que c'étoit quelque deſcendant de Don Quichote, qui venoit chercher à faire fortune, mais cette action ne plut pas aux Torréadors, qui font de ces combats une affaire d'honneur, & non pas de riſée ; quelques uns mêmes s'en ſcandaliſérent tellement, que cela attira des reproches a Meſſieurs de la ville qui l'avoient permis pour mieux divertir le Roi.

Il y a des gens du menu Peuple qui ſont aſſez hardis & aſſez adroits pour planter un poignard, ou un javelot entre les cornes du Taureau en paſſant par devant lui, & quand cette Bête va à la charge ſur eux & qu'ils ſe voyent preſſez, ils lui jettent leur manteau ſur la Tête, ou ils se couchent par terre sur le ventre, & évitent de cette maniére la furie du Taureau, qui marche quelquefois sur eux & les foule aux piés ; mais comme ils sont aussi tôt sécourus, ils n'en reçoivent pas grand mal.

L'envie que témoigne cette Nation de tuer ces animaux, est incroyable. Si par hazard la pauvre Bête passe prés des Echaffaux, ils la percent de mille coups d'épées, & lorsqu'elle est abattuë c'est à qui lui donnera des coups de sabre, qui aura de sa queüe, & de ses parties honteuses qu'ils emportent dans leurs mouchoirs, les faisant voir comme un Triomphe, & comme une marque de quelque fameuse victoire. J'en ai même vu, pour se satisfaire frotter leur épée du sang que ces animaux avoient répandu, car cette populace a un acharnement terrible pour cela, & il est constant qu'ils paroissent en ce jour plus furieux & plus emportez que dans tout autre temps : aussi n'ai-je veu aucune de ces fêtes qu'il n'y ait eu des querelles où ils se tuent & s'assomment pour la moindre bagatelle.

De divers accidens qui arrivent à cette Fête.

JE crois avoir déja dit, que pendant le séjour que j'ai fait à Madrid, il y eut trois de ces fêtes, car c'est ainsi qu'ils les nomment. Elles font divertissantes par les incidens qu'on y voit arriver. Car quelquefois le Taureau prend un homme par la manche & aprés l'avoir traîné bien loin, le jette à douze ou quinze pas de lui. D'autres font pris par le haut de chausse: quelques uns foulez aux piés, d'autres blessez, des chevaux estropiez, & plusieurs autres rencontres; & je me suis laissé dire par des gens avoir veu de ces Taureaux jettant des hommes en l'air avec leurs cornes par plusieurs fois, mais j'ai de la peine à le croire.

Des loix qui doivent être observées par les Torréadors.

IL y a de certaines loix que les Torreadors doivent observer, dont voici les principales. Ils font obligez de mettre pié à terre quand ils laissent tomber leur chapeau, & aprés l'avoir ramassé, ils doivent aller le sabre à la main affronter le Taureau

& lui en donner sur le mufle. Il en est de même s'ils laissent tomber leur Récon, ou qu'ils le fichent sans le rompre, ou que le tronçon ne leur en demeure pas à la main. Ils appellent cela *Empénos*, qui signifie engagemens. C'en est aussi un que d'avoir son cheval blessé ; ce qui arriva dans la dernière fête que j'ai vuë, à un brave Cavalier nommé *Cardénas*, qui eut une trés-belle jument, dont il avoit refusé deux cens pistoles, blessée à la cuisse par le Taureau. Dés qu'il s'en aperçut, il mit le sabre à la main sans mettre pié à terre, parce qu'on s'est presentement relâché de cette rigueur, & alla piquer le Taureau par derriére, pour le faire retourner à lui de maniere qu'il lui donna un si grand coup, que peu s'en falut qu'il ne lui séparât la tête du corps. Il faut aussi savoir, que ces lames de Tolede coupent un chenet & une barre de fer. J'ai vu des épées sans autre garniture qu'une simple garde d'acier se vendre jusqu'à trente Pistoles ; j'en avois aporté une dague, dont on m'avoit fait présent, qui fut perdue en chemin par la négligence de mon valet. On peut dire que ce Señor Cardénas dont je viens de parler, avec Monsieur son frére remportérent le prix à toutes ces trois fêtes : mais le danger n'est

pas

pas à beaucoup prés si grand qu'on me l'avoit figuré ; & si j'ose dire mon sentiment sur ce sujet, ce n'est à proprement parler qu'une boucherie, étant persuadé que la bordure est beaucoup plus belle que le Tableau. Il y eut sept combatans à la premiere, quatre à la seconde & cinq à la troisiéme. J'ai oui dire beaucoup de petites historietes qui sont arrivées autrefois à ces fêtes, mais je n'ai pas cru devoir les raporter, parce qu'elles ne me paroissent pas bien sures.

De la maniére dont les Espagnols traitent leurs malades.

Quelques belles recettes que les Etrangers puissent avoir pour guérir plusieurs maladies elles ne sont point reçuës chez les Espagnols & ils ne changeroient pas leur méthode pour tous les biens du monde.

Quelque fiévre que puissent avoir leurs malades, ils ne leur deffendent jamais le manger. Leurs raisons pour cela sont que lorsqu'on laisse un corps sans nourriture solide, la fiévre agit plus puissamment sur lui, & que l'air de leur Pays étant extrémement subtil & dissipant beaucoup d'esprits, il est nécessaire de donner quelque
cho-

chose qui les rétablisse. Mais ils ne considérent pas, si l'estomac du malade peut supporter tout ce qu'on lui donne, & si ce n'est pas fournir à la nature de la matiére à faire de mauvais levains; mais je ne prétends pas disputer ici contre ces Messieurs.

La saignée leur est assez familiére. Ils se la font faire hors du lit tant que leurs forces le permettent, & lorsqu'ils en usent par précaution, ils se font tirer du sang deux jours de suite du bras droit & du gauche, disant qu'il faut égaliser le sang. On peut juger de là si la circulation leur est connue.

Les gens qui saignent sont appellez *Sangréros* & ne font autre chose que saigner, & les *Chirurganos*, qui sont les Chirurgiens, tiendroient à grand deshonneur de faire cette opération. Ils ne traittent que les choses concernant la chirurgie. Ils vont sans épées & en mules comme les Medecins. Ils ne se servent point du trepan, quelque fracture qu'il puisse y avoir à la tête & particuliérement à Seville. S'ils avoient vu en ce lieu-là, sonder une playe ou se servir de quelque ferrement, ils feroient sauter les fenêtres au chirurgien. Ils recousent seulement les chairs, si elles sont séparées, & appliquent une certaine poudre

dre aſtringente appellée Coloradilla dont je donneray la recepte à la fin de cét article. Cette poudre fait véritablement des effets ſurprenants. C'eſt un Chirurgien des Indes nommé *Don Pedro Hydalgo de Aguéro*, qui la leur a enſeignée. Il a fait un livre de chirurgie, que je n'ai pu avoir, quelque recherche que j'en aye faite. J'ai même écrit à Séville & à Cadix pour ce ſujet. Il eſt en Eſpagnol *In quarto*. Un Chirurgien du Roi me le prêta un peu avant mon départ, ce qui m'empêcha de le lire entierement. Sa pratique veut qu'on évite la ſuppuration le plus qu'il eſt poſſible, diſant que c'eſt procurer de la corruption à la partie, que de la ſolliciter, comme on fait ordinairement en France, que le plûtôt qu'on peut déſſecher eſt le plus utile, le plus ſur, & le plus avantageux. Je puis dire là-deſſus, que dans le ſéjour que j'ay fait à Madrid, j'ai vu pluſieurs bleſſures guérir en trés-peu de temps par cette methode; & entr'autres un cocher de Monſieur l'Ambaſſadeur de France qui reçut trois coups de dague au deſſous de la mammelle gauche, un autre vers l'aîne droite, & le 3. dans la cuiſſe qui pénétroient aſſés, car j'obligeai le Chirurgien à ſonder ces playes. Il ne voulut jamais les faire ſuppurer, & au bout de quatre jours cet homme me se leva & fut gueri dans sept ou huit, sans y mettre aucune tente. Un valet de pié, qui reçut un grand coup d'estramaçon sur la tête vers le muscle scrotasique, guérit de la même maniére, comme plusieurs autres, qui sont venus à ma connoissance. Mais il ne faut pas oublier de dire que les *Barbéros* qui sont les Barbiers, ne font aussi que la barbe; ainsi *Chirurganos*, *Sangréros*, & *Barbéros* font trois corps differents.

Les Medecins ont un trés-grand crédit & sont fort respectés du peuple. Ils prennent un grand empire sur leurs malades. Il y en a peu de savants, parce qu'ils méprisent tout ce qu'ils ignorent: cela vient, comme j'ai déja dit, de la crainte qu'ils ont de la peine & du travail; leurs consultes sont courtes, & dépensent peu en latin. Ils le mélent confusément avec leur Espagnol; Ils citent quelquefois les Aphorismes d'Hippocrate d'une maniere peu suivie, & s'imaginent aprés cela avoir dit la plus belle chose du monde. Ils ne s'apliquent point à examiner un malade, non plus qu'à observer ses déjections, pour en tirer les indications nécessaires. Le potage & la saignée, rarement le clystere, & quelques remédes extérieurs, auxquels ils ont beaucoup de foi en ce pays, sont leurs

lieux

lieux communs. Je me souviens qu'ils firent manger ou plûtôt mâcher au Marquis d'Aytone Premier Ministre d'Etat un quartier de poule environ une heure avant qu'il mourut. Bien souvent le pauvre malade n'ayant pas la force de mâcher ny d'avaler, ils ne laissent pas de le charger d'alimens solides, comme l'on bourre un mousquet. Cela marque leur entêtement. Un jour une personne rencontrant un de ces Docteurs qui avoit vu un de ses amis malades, lui dit qu'il venoit d'expirer. Le Medecin lu répondit; je vous avois bien dit qu'il en mourroit, & s'il n'en fut pas mort, je l'aurois tué.

Ils ignorent beaucoup de maladies & une grande quantité de remédes, particuliérement ceux que la Chimie nous fournit. Il y avoit peu de temps que le crystal minéral leur étoit connu; Je crois que c'est ce qui le rendoit si cher, car nôtre Apoticaire le vendoit 18. à vingt sols de nôtre monnoye, le gros.

Je me trouvai un jour chez le neveu du Surintendant des Finances, qui étoit incommodé de vapeurs. Ses Medecins traitoient cela de mal d'estomac & lui faisoient prendre quantité de Chocolat; Ils en prenoient aussi, pour lui tenir compagnie: mais quand on lui eut fait connoître son mal il les congédia un peu brusquement,

&

& fut gueri par le conseil qu'on lui donna d'ailleurs.

Leur coutume est, que lors qu'une personne distinguée du commun se fait saigner, ses amis, venant à le savoir, ne manquent pas de lui envoyer des presens ce jour-là. Monsieur le Comte de Molina sachant que Monsieur D. G. avec qui j'étois avoit été saigné, il lui envoya une Indienne avec la toilette & tout le reste du déshabillé, quelques Dames lui envoyérent aussi des vases de cocos, de filigrane, du chocolat & autres petites bagatelles. Il y a des courtisanes qui se font tirer quelque fois du sang pour attirer des présens de leurs galands.

Le mal de Naples & les Ecroüelles qui regnent fort en Espagne y sont trés-mal traitez. Ils n'aportent aucune précaution pour donner des frictions, & la décoction de gayac; c'est pourquoi il en meurt beaucoup. Ils font peu de cas des accessoires de cette maladie. Ils disent que la gonorrhée est la santé des reins. Cette maladie est bien plus violente qu'en France, & fait beaucoup de chemin en peu de temps. A l'égard des scrofules, ils ont contracté une espéce d'habitude avec elles, & s'en laissent pourrir. Il peut être que leur malpropreté, leur mauvaise nourriture, & les méchantes

ces eaux y contribuent beaucoup.

Il s'éléve quelquefois certains vents froids, qui causent des fluxions & des rhumatismes si terribles, que bien souvent ils privent les membres, qui en ont été frapez, de leur action; c'est ce qu'ils appellent *bubas del ayere*, qui veut dire verole de l'air: c'est pourquoi ils se couvrent beaucoup, & sur tout la poitrine. Ils nous grondoient de nous voir legérement vétus en Eté. Ils traittent quelquefois cette maladie comme si l'on avoit effectivement la vérole.

Excepté la fiévre quarte & la fiévre tierce qu'ils appellent *la quartana*, *la terciana*, ils confondent toutes les autres sous le nom de *calentura*. Ils débutent toûjours par la saignée du pié, dés que quelqu'un en est attaqué, craignant extrémement *la Tabardilla*, qui est la fiévre pourprée & maligne, dans laquelle il se fait promptement un transport au cerveau. Ils ordonnent dans celle-ci beaucoup de juleps, & apozêmes. C'est ce qui oblige les Pharmaciens à tenir quantité d'eau distilées dans leurs boutiques, & c'est dequoi ils sont les mieux fournis; car du reste, ils ont les plus méchantes drogues du monde & le rebut des autres Nations. Il en est presque de même de toute autre chose à Madrid, quoi que la ville soit grande & spacieuse.

cieuse. Si j'avois à y retourner pour y demeurer quelque temps, je ferois provision de beaucoup de choses pour n'avoir pas besoin de leurs marchandises.

De tout ce qui fait de la douleur, comme la pleuresie, la colique, la cephalée, la migraine, ils les nomment douleur d'une telle partie : comme la pleuresie *dolor de lado*, la colique *dolor de tripas*, & ainsi des autres.

Il n'y a aucun Doctorat parmi eux, ni Faculté, ny Academie, pour *instruire les jeunes gens*. Il ne se fait aucunes leçons pour la Médecine, Pharmacie, & Chirurgie. On n'entend point dire qu'il se fasse aucune anatomie, & ils n'ont aucune curiosité, si ce n'est pour la luxure.

De la Poudre de Coloradilla pour les Playes.

AYant promis cy-devant la recepte de la poudre de coloradilla pour les playes, en voici de trois maniéres, dont les Chirurgiens d'Espagne se servent ordinairement.

Prenez de la Mirrhe, de l'Encens mâle, du Mastic, du Sang de dragon, du Bol d'Armenie bien préparé, de la Sanguinaire, du Santal rouge, de la Sarcocolle, de chacune ne de ces drogues parties égales, pour en faire une poudre, selon que l'art le requiert.

En voici une autre moins composée, qui est de prendre du Mastic & du Sandarac de chacun demi once, du Sang de dragon & du Kermes, de chacun une once, dont on fera une poudre trés-subtile.

Troisiéme Recepte de la Coloradilla.

PRenez de bonne Mirrhe deux dragmes, Encens trois gros, Aloës une dragme, Sang de dragon deux dragmes, Santal rouge, Sarcocolle, Bol d'Armenie, Pierre hématite, de chacun deux dragmes, toutes ces drogues mises en poudre & mêlées ensemble font la Coloradilla : on l'applique avec un plumaceau sur la playe sans autre mystére sans se servir de tentes ni d'autres remèdes.

Puisque j'en suis sur les Receptes, ayant crû que quelques personnes qui aiment le Chocolat seroient bien aises d'avoir la maniére de le faire, en voici de plusieurs façons.

Pour faire le Chocolat.

PRenez vingt livres de Cacao, qui est une espéce de Féve qui vient des Indes,

des, qu'il faut faire brûler comme le Caffé, dix livres de Sucre, quatre onces de Canelle, cinquante Banilles. Il y en a qui ajoûtent à cela demi once de Poivre d'Inde, qui est le poivre rouge, & une dragme de Musc.

Autre Recepte.

SUr vingt livres de Cacao il faut vingt livres de Sucre, à chaque livre de Cacao une Banille & demie. Pour vint-cinq livres de Chocolat, on peut mettre jusqu'à quatre gros de poivre rouge, pour le rendre plus piquant, demi livre de Canelle, ou quatre onces, & un gros de Musc.

Autre Maniere.

PRenez dix livres de Cacao, cinquante Banilles, six onces de Canelle, deux gros de poivre rouge, douze livres de Sucre, du musc & ambre gris de chacun 20. grains. Celui-ci m'a paru le plus agréable; car j'en ai fait faire de toutes les maniéres à plusieurs personnes. Le *Señor Molina* frere de la *Señora Molina* qui étoit à Paris auprès de la Reine m'en chargea pour Sa Majesté. Il y a des gens qui ne font autre chose, & j'en ai vu depuis mon retour à Paris,

qui

qui en alloient faire chez les particuliers, & qui le faisoient fort bon.

J'ai oublié en parlant de leurs processions, de dire un mot de certaines austéritez que les Espagnols pratiquent dans la semaine Sainte. Il y a un endroit qu'ils appellent las Cruzes, qui est un chemin qu'on trouve en sortant de Madrid par la porte de las Mançanas, où il y a beaucoup de croix plantées de rang, qui conduisent à une petite Chapelle, qui est en ce lieu. Ils vont quelques uns nuds piés baiser toutes ces croix : mais ce qu'il y a d'extraordinaire c'est qu'il y en a qui se font attacher à une croix en chemise, les bras étendus, comme étoit nôtre Seigneur, & font en cet état de grandes & longues complaintes. Cette contrainte est trés-malaisée à suporter, à ce que tout le monde dit : aussi en voit-on peu qui aillent jusqu'à ces excés de dévotion. Dans ce temps les Prédicateurs prêchent dans les places publiques, & dans les grandes ruës, & châcun est obligé de porter un Certificat comme il a fait ses Pâques ; mais avec un peu d'argent, tout cela passe à la montre, comme beaucoup d'autres choses.

On donne aussi une bulle du Pape, pour avoir permission de manger de la viande en carême, & les Vendredis & Samedis

medis il est permis de manger les issuës des bêtes qu'on tue parce qu'il n'y a point de poisson à Madrid, qui est éloigné de la Mer & des riviéres. Il n'en vient que d'une espêce un certain temps de l'année, qu'ils nomment des véfugues, & quand elles sont arrivées, il n'est point de si misérable qui ne veuille en avoir.

Quand les gueux vous demandent l'aumône, ils prennent toûjours quelque pretexte pour vous la demander, & en vous abordant ils vous content toûjours quelque historiette, & concluent par vous prier de leur donner pour avoir du Tabac, ou quelque autre chose.

Il y a aussi de certains gueux, qui portent par les rues des Images de Saints ou de Saintes, & particuliérement celle de la *Santissima Virguen de la Toché*, qu'ils donnent à baiser pour quelques maravedis, si vous en avez ; mais en tout cas il faut la baiser, quelque malpropre qu'elle soit, autrement cela vous pourroit attirer quelque affaire, & particuliérement aux Etrangers.

Je ne puis m'empêcher de dire une chose, qui m'arriva un des jours de la semaine Sainte, étant au Sermon. Le Prédicateur aprés avoir étalé toutes les souffrances que nôtre Divin Sauveur a endurées pour nous, dit, comme il est vrai, que c'étoit une
chose

chose bien étrange, que nous en fussions si peu reconnoissans, & qu'au lieu de vivre dans la pénitence, & fuir le péché, nous ne cessassions d'y retomber. Se parlant en suite à lui même, il dit, *Seigneur, faut-il que je sois si ingrat & si méchant*, & se donna un grand soufflet dans ce moment, aussi tôt on entendit une grêle de soufflets de toute l'assemblée, c'étoit dans la place de *Las Mançanas* où il y avoit plus de quatre milles Personnes, & où chacun se souffleta. On peut croire, que ma surprise me donna de très-grandes envies de rire ; mais par bonheur un Officier de mes amis, qui étoit prés de moy & instruit de leurs coutumes, me dit de baisser la tête & de prendre mon mouchoir ; ce que je ne manquai pas de faire, car si l'on se fut aperçu que je riois, j'aurois été haché en mille piéces : car il n'y a point de raillerie sur le fait de la Religion : cependant le célébrant, qui dit la Messe, a souvent sa Tabatiere sur l'Autel, & en prend de fois à autre. Excepté les Eglises, où sont les fêtes, dés que les Messes sont finies, elles sont fermées pour le reste du jour.

Quand il pleut, & qu'il fait sale, ou que la nuit est venue, ceux qui vont sur des mules à Madrid, comme les Medecins & autres, sont obligez de mettre leurs valets en croupe derriére eux. C'est un privilége que ces domestiques ont sur les nôtres.

Il fait mauvais aller le soir par les ruës de Madrid, & comme il n'y a point de lieux communs, châcun a un grand pot, où il fait toutes ses ordures, qu'on tient dans les greniers, que les valets vont vuider le soir en criant *Agua va*, c'est-à-dire, gare l'eau ; cela pourroit faire croire que toute cette ordure doit rendre une trés-mauvaise odeur pendant le jour : mais l'air y est si subtil & si dévorant, que tout cela est réduit en poudre, avant que d'aller le matin par la ville ; & c'est ce même air, qui est si pénétrant, qui fait la grande bonté des peaux d'Espagne parfumées, car aprés avoir chargé ces Peaux de leurs parfums, ils les exposent au grand soleil sur le toit de leurs maisons, ce qui leur donne la force qu'elles ont.

Les Espagnols sont fort amateurs de la Comédie, & lors que le Carnaval aproche, les Comédiens joüent le matin, & l'a-presdinée. Il y en a deux troupes dans Madrid. Ils contrefont quelquefois les François dans leurs piéces comme on les contrefait à leur tour à Paris. Ils ne font point de scrupule de faire venir sur le Théatre la Vierge, des Capuçins, & autres

tres Religieux, qui servent de personnages dans leurs représentations. Je me souviens d'avoir vu une de leurs piéces, où l'on introduit une jeune créature accusée d'avoir défait un Enfant, qui est mise entre les mains de la Justice, bien qu'elle fût innocente, & comme on est prêt de l'exécuter, aprés avoir été confessée par des Capucins, ils font déscendre la Vierge du Ciel qui la justifie, & lui sauve la vie. Voila comment ces Messieurs, avec toute leur Catholicité, mêlent les choses prophanes avec les sacrées. Autrefois ils faisoient paroître à la Messe de minuit des Religieux, dansant au son de plusieurs instrumens; disant pour leurs raisons, qu'on ne pouvoit trop se réjoüir, à la venuë du Sauveur du monde; mais on leur en a tant fait la guerre, qu'ils s'en étoient abstenus dés l'année que j'étois en leur Pays.

Ils se deguisent assez dans le carnaval. Les femmes galantes se montrent à leurs grilles le mardi gras, pour voir le monde, & quand il passe un homme qui leur plait, elles leur jettent des œufs que l'on a vuidez, & qu'elles ont remplis d'eau de naphe, ou de Cordoüe qui répand une suave odeur.

Comme tout le monde alloit voir un masque qui avoit été tué ce jour-là par les gens de l'Amirante de Castille, qui avoit pris querelle dans le cabaret; il se trouva que c'étoit un Prêtre de Seville, qui s'étoit déguisé en fille, & ce Compagnon-là nous étoit venu demander quelques jours auparavant si nous avions à nous venger de quelcun, & qu'il tueroit pour deux Pistoles l'homme qui nous auroit offensé. Comme cette proposition me surprit extrémement, on me dit qu'à Seville elle étoit aussi commune, que l'exécution en étoit facile, & l'on me conta en même temps une histoire assez particuliére de *Don Pédro* le *Cruel*, que d'autres apelloient le *Justicier*, & qui étoit sur le Thrône.

Ce Monarque étant un soir par les ruës de Seville, rencontra un savetier en son chemin, qui le frola sans y penser, & comme ce Roi étoit fort brutal, il tua ce pauvre homme, qui fut levé par la Justice le lendemain. On fit toutes les diligences nécessaires pour découvrir ce meurtre, sans pouvoir y réussir. Ce Prince envoya deux jours aprés chercher le Corregidor, & lui dit qu'il trouvoit bien étrange, qu'un homme comme lui ne s'aquitât pas mieux de sa charge; qu'il étoit honteux à lui de laisser ainsi des crimes impunis, & qu'il lui commandoit de faire

une

une recherche si exacte de ce meurtre que le Meurtrier en fût châtié. Ce discours piqua tellement d'honneur cet Officier qu'il donna une si grande aplication à cette recherche, qu'enfin une bonne femme demeurant prés de l'endroit où la chose s'étoit passée lui dit toute tremblante que véritablement elle avoit entendu à une telle heure un homme marcher; mais qu'elle n'osoit dire qui ce pouvoit être. Mais aprés l'avoir pressée & fort menacée, elle dit qu'il faloit que ce fût le Roi; parce qu'elle avoit entendu les os de cét homme craquer, & faire du bruit en marchant, & effectivement ce Prince étoit fait de maniere que les os de ses jambes craquoient, quand il marchoit, ce qui étoit sû de la plus grande partie de ses sujets.

Le Corregidor instruit de cette maniere, fut dire au Roi qu'il avoit eu quelque connoissance du fait, mais qu'il n'osoit le mettre en évidence, ce qui obligea sa Majesté à lui commander de nouveau qu'il en fît le procés sur peine de la vie, ce qu'il exécuta & l'aporta à Don Pedro pour le signer, à quoi il satisfit aprés l'avoir lû & fit faire une Effigie fort ressemblante à sa personne, qui fust conduite dans la place où la tête lui fut coupée, laquelle se voit encore aujourd'hui dans Seville au coin de la ruë où le meurtre est arrivé, voulant par là laisser à la postérité une marque authentique de l'amour qu'il avoit pour la Justice.

On me dit encore qu'un jour qu'il étoit à la Procession de la Fête-Dieu, il arriva qu'un Serrurier y apercevant un Prêtre qui avoit tué son Pére, il y avoit deux ans, le poignarda pour satisfaire sa vangeance. Etant arrêté, il fut conduit devant ce Roi, & s'informant quel châtiment avoit reçu ce Prêtre, on lui dit qu'il avoit été interdit pendant une année de faire la fonction de Prêtrise, Don Pedro sachant cela, ordonna au Serrurier d'être aussi une année sans travailler de son métier, pour la punition de son crime.

Des Conseils d'Espagne.

J'Ai cru que pour satisfaire les curieux je pouvois ajouter à ce que je viens de dire, un detail des Conseils qu'ont les Espagnols pour la conservation de leurs Etats, dont il y en a douze dans Madrid, qui ont châcun leur Jurisdiction & leurs Officiers, comme je ferai voir ci-aprés. Ce sont les Conseils de guerre, de Castille, de l'Inquisition, le Conseil Royal des Ordres,

le

le Conseil d'Etat, ceux d'Aragon, des Indes, de la Croisade, de la Chambre de Castille, ceux des Finances, d'Italie & de Flandres.

Du Conseil de Guerre.

LE Conseil de guerre est composé de gens d'expérience, qui y ont eu plusieurs Emplois, & capables de parler sur cette matiere. Le nombre n'en est point fixé. Il y assiste ordinairement deux Assesseurs du Conseil Royal. Il n'y a point dans celui-ci de préséance comme dans les autres. Les premiers entrez se placent comme bon leur semble, à l'exception du Président; Il se tient le lundi, le mercredi & le Vendredy. On traite le matin du gouvernement, & l'aprésdinée de la justice qu'on doit rendre aux gens qui en dépendent. Ils ont leurs Officiers pour écrire & exécuter leurs décrets. Ils ont même jusqu'à leurs Portiers. Ce Conseil fut établi l'an 700. par le Roi Don Pelage dans le Royaume de Castille.

Du Conseil de Castille.

CE Conseil est composé d'un Président, de seize Conseillers d'Etat & d'un Procureur Fiscal, plusieurs Greffiers, & autres Officiers, tant pour le Civil que pour le Criminel; c'est le premier de tous les Conseils & celui que le Roi appelle nôtre Conseil, pour marque de Supériorité par dessus les autres. Il se tient trois heures le matin & autant le soir. Il n'a aucune vacance, & fait des dépêches, tous les jours, excepté les bonnes Fêtes. On porte un trés grand respect au President de ce Conseil, & il a une grande autorité en Espagne. Il ne visite personne, & s'il se fait quelque assemblée, où il doive se trouver, elle se fait chez lui. C'est où se rapportent toutes les affaires des deux Castilles, qui en fournissent beaucoup, & où l'on appelle en dernier ressort de toutes les autres Jurisdictions, qui sont dans ces deux Royaumes. Il fut établi l'an 1245. par le Roi de Castille Don Fernando III.

Du Conseil de l'Inquisition.

CE Conseil a été établi par *Don Fernando ey Doña Isabel* l'an 1483. pour la deffense de la Foi Catholique dans leurs Royaumes, contre les Maures, Indiens & autres hérétiques & Apostats. Le Président est l'Inquisiteur Général. Cette charge n'est conférée qu'à des Grands d'Espagne

gne & à des personnes de la première considération. Ses six Conseillers portent le titre d'Inquisiteurs Apostoliques. C'est le Tribunal pour tout ce qui concerne la Foi Catholique, dont il n'y a point d'appel, quand ce seroit même le Roi. Il y a des Raporteurs, Secretaires, Procureurs, Sergens, & autres Officiers comme dans les autres Jurisdictions. Dans Seville, Toléde, Grenade, Cordoue, Valladolid, Barcelone, & autres lieux dépendans de la Monarchie Espagnole, il y a des maisons d'Inquisition, qui sont chacune gouvernées par trois Conseillers, dépendantes de celle de Madrid à laquelle on rend compte tous les mois de l'état des affaires, aussi bien que des fonds qui passent par leurs mains. Il ne leur est pas permis d'emprisonner aucun Prêtre, Religieux, ni Chevalier de *l'habito*, non plus que les Gentils-hommes, sans préalablement en avoir informé le Conseil qu'ils appellent Suprême, lequel leur ordonne ce qu'il trouve convenable de faire. Ce Conseil entre deux fois le jour, & les aprés-dinées deux Conseillers du Conseil Royal y assistent.

Du Conseil Royal des Ordres.

COmme il y a beaucoup de *Cavalleros de l'Habito*, en Espagne, de l'Ordre de *Santiago*, qui est le premier des trois, de Calatrava & Alcantara, dont plusieurs possédent des Bénéfices & Commanderies, tout cela produit beaucoup d'affaires; c'est pourquoy ce Conseil fut établi à leur sujet l'an 1489. Il est composé d'un Président, de six Conseillers, & autres Officiers. Ils ne sont pas de ceux qui travaillent le moins.

Du Conseil d'Arragon.

CE Conseil fut établi par le Roy Don Fernando l'année 1494. confirmé par Charles-Quint en 1522. qui le rectifia & le mit sur le pié qu'il est aujourd'hui. Il est composé d'un Président qu'on nomme Monsieur le Vicechancélier, de neuf Conseillers, dont les uns sont d'épée, & tous Arragonois. Ils ont leurs Officiers comme les autres Conseils. C'est-là où se rapportent les affaires de ce Royaume aussi bien que celles des Iles *Mallorca*, *Menorca*, *Ibiza*, Valence, Sardaigne & autres: & comme le Roi fait beaucoup d'état de ce Conseil, il s'en sert encore dans d'autres affai-

affaires importantes, bien qu'elles n'yent aucun raport avec les Etats, que je viens de nommer.

Du Conseil des Indes.

CHarles-Quint perfectionna ce Conseil, que les Rois d'Espagne ses Prédécesseurs avoient établi en 1511. pour la conservation & augmentation de ses nouveaux Royaumes découverts par l'Amiral Chritofle Colomb en l'année 1492. & bien que plusieurs personnes ayent écrit sur ce sujet on me pardonnera si je fais ici une petite digression pour remarquer qu'il est admirable de voir comment les Espagnols se sont assujettis le Méxique & le Pérou qui font quatre mille neuf cens lieües de pays, qui en comprennent dans leur circonférence neuf mille sept cents, qui se divisent en plusieurs Royaumes, & Provinces, où ils ont fait bâtir plus de sept mille Eglises & plus de six cens Couvents. Il y a un Patriarche, six Archevêchez & trente-deux Evêchez; trois Tribunaux de l'Inquisition, & tout ce qu'ils ont jugé nécessaire pour un si grand Gouvernement, afin de tenir les Peuples sous leur obéïssance. Il seroit inutile d'étaler ici toutes les richesses, qui s'en sont tirées & qui s'en tirent encore

tous

tous les jours, puisque peu de gens l'ignorent. Aussi se donnent-ils bien de garde d'y conduire qui que ce soit, qui ne soit Espagnol, pour ne pas en donner connoissance à d'autres. Ce Conseil est composé d'un Président, d'un grand Chancelier, de douze Conseillers, dont cinq sont d'épée, d'un Trésorier, de quatre Contadors, de deux Secrétaires, de Lieutenans du Grand Chancelier, d'Avocats, de Procureurs, d'Agens & de beaucoup d'autres Officiers destinez aux affaires des Indes, comme ayant la suprême Jurisdiction de tout ce qui en dépend, tant par Mer que par Terre, pour la Milice, la politique, le civil, & le criminel, enfin pour tout ce qui regarde ces pays-là. Ils travaillent tous les jours, & le mardi & jeudi matin. Le Conseil de Guerre pour les Indes, se tient séparément par le Président & quatre des plus Anciens Conseillers auxquels se joignent encore quatre autres du Conseil de Guerre dont j'ai déja parlé. On y délibére sur les Postes qui sont à remplir, sur les charges qui sont à donner touchant la Guerre, comme des armemens nécessaires pour les Flotes & les Galions.

Du

Du Conseil de la Chambre de Castille.

LE Conseil de la Chambre de Castille fut établi par Charles-Quint, & la Reine *Doña Juana* sa Mére, en l'année 1518. Il est composé du Président de Castille avec quatre Conseillers du même Conseil, & de trois Secretaires, dont le premier est chargé des affaires Ecclésiastiques. Le second des affaires des graces que le Roi fait, & le 3. de la Justice. Il faut remarquer que ces sortes d'affaires sont distinguées des autres comme les plus importantes. Ce Conseil se tient chez le Président, deux fois la semaine, savoir l'aprésdinée du lundi & du mercredi. Aprés avoir conferé des affaires, on en fait le raport au Roi, quoiqu'il aît un plein pouvoir de resoudre sur ces choses. C'est lui qui délivre tous les Titres de Ducs, de Comtes, de Marquis, de Connêtable, & généralement des charges qui touchent à la Couronne, comme aussi des Priviléges accordez aux Villes & Universitez. C'est enfin par ce canal que Sa Majesté distribue tous les bienfaits qu'il fait à ses Sujets.

Du Conseil de la Croisade.

CE Conseil fut établi par la permission du Pape Jules Second l'année 1509. & confirmé depuis par beaucoup de ses Successeurs, & maintenu par le Roy Catholique en 1525. Il est composé d'un Président qui porte le titre de Commissaire Général, & qui a de grands Priviléges. Il y assiste deux Conseillers du Conseil de Castille pour ce qui regarde ce Royaume-là, un du Conseil d'Arragon pour ce qui regarde cette Couronne, le Royaume de Sicile, & les Isles voisines ; un autre de celui des Indes, deux *Contadors Mayors*, c'est à dire grands Trésoriers, un Rapporteur, plusieurs Agens & autres Subalternes. Cette Assemblée se fait l'aprésdinée, trois fois la semaine, savoir le mardi, le jeudi, & le samedi. Il faut que le Commissaire Général nommé par le Roi soit confirmé par le Pape & que cette même Justice, qui est établie dans tous les Etats des Espagnes à la reserve de ce qui leur reste en Flandres, pour la levée de certains droits qu'ils appellent *Subsidio* & que le Pape donne pouvoir de lever pour faire la guerre aux Infidelles, il faut, dis-je, que cette Justice rende compte au Conseil dont je parle. C'est un revenu trés-considérable, dont le Roi ne se peut

peut servir, qu'à condition de remplacer ce qu'il en prend pour ses urgentes affaires, sur peine d'Excommunication. Il ne se peut publier aucun Jubilé, ni aucune Indulgence, que premierement cela ne soit consulté avec le Président. Le Clergé est aussi obligé de donner certains deniers de son revenu à la Croisade. Il n'est pas permis d'imprimer aucuns livres, comme Missels, Bréviaires, Heures, & autres de ce genre, sans qu'il n'ait passé par l'examen de ce Conseil. Si quelqu'un a du bien mal acquis, & qu'il ne se souvienne pas de ceux desquels il l'a eu, ou que les personnes à qui ce bien étoit soient mortes, ou même qu'il l'ait volé en pays ennemi, les Loix ordonnent qu'il faut le porter à la Croisade pour la décharge de sa conscience; & si par hazard quelqu'un avoit trouvé une bourse dans la ruë où il y eut de l'argent & qu'il ne sût pas à qui elle appartient pour la rendre, il est obligé de la porter à la Croisade, qui ne pouvant pas trouver les moyens de la restituer, se l'aproprie, & en donne le tiers à celui qui l'a trouvée; & si quelqu'un qui vous l'auroit vuë amasser, sans l'avoir portée à la Croisade, vous alloit accuser, il vous feroit de grandes affaires; ce Conseil étant trés-rigoureux sur ce sujet. Le Poisson étant
trés-

trés-rare à Madrid, & difficile par consequent d'y observer les jours maigres; le Pape a donné des Bulles pour manger de la viande les Samedis, qu'il faut que châque personne renouvelle tous les ans, & qui coûtent 2. ou trois reaux, ce qui produit un fonds considérable, que le Roi d'Espagne léve pour céla, & qui est encore du ressort de la Croisade, qui délivre & expédie ces Bulles.

Du Conseil d'Etat.

LE Conseil d'Etat est composé des gens les plus acreditez à la Cour & dont la capacité est connue aussi bien que la naissance. Le Roy y préside & l'Archevêque de Tolede y assiste, parce que sa dignité lui donne ce Privilége. Le nombre des gens qui le composent n'est point fixe. C'est dans ce Conseil que l'on traite des grandes affaires, comme des Viceroyautez, des Ambassades, des Gouvernemens de Flandres, d'Italie & autres, des Charges principales, de l'Armée & de la Milice. Il n'y a nulle vacation en ce Conseil. Il se tient trois fois la semaine, savoir le Mardi & le Jeudi les aprés-dinées, & les Samedis matin. Ce fut Charles-Quint qui le créa en l'année 1526.

Du Conseil d'Italie.

PHilippe Second en 1556. établit ce Conseil pour les affaires de Naples, de Sicile, & de Milan. Il est composé d'un Président & de six Conseillers, dont trois sont Espagnols, un Napolitain, un Italien, & l'autre de Sicile; il y a un Procureur Fiscal, & trois Secretaires, dont chacun est séparément chargé des affaires de ces Etats. Ils pourvoyent aux Charges, Benefices & Gouvernemens qui y sont vacans.

Du Conseil des Finances & de son Trésor.

LE Roi Philippe II. institua ce grand Trésor, pour ne pas dire, *Contadorerie*, comme les gens de cette Nation l'appellent. Ce fut en l'année 1574. & son fils Philippe III. son successeur établit ce Conseil des Finances en 1602. & il est demeuré en la maniére qu'il est présentement. Ce Conseil sert pour l'administration & le recouvrement des deniers Royaux, qui se distribuent tant ordinairement, qu'extraordinairement, en partie par les consultes qui s'en
font

font au Conseil d'Etat confirmées par la Reine Régente, qui a coutume de l'approuver. Les Membres qui composent cette Assemblée sont un Président, qui en porte le Titre, nommé dans leur langue *Présidente de Hazienda*, qui veut dire, Surintendant des Finances, & qui dans le courant des affaires, peut bien servir ses amis, quand il veut, bien qu'il n'aît pas tout le credit qu'ont nos Surintendans, huit Conseillers d'Epée opinent avec lui. Ce n'est pas qu'il n'y en aît beaucoup d'autres, qui portent ce Titre, qui ne leur est qu'honoraire & conféré par grace du Roi. Il y a un Procureur Fiscal, qui doit être homme de lettres. Plusieurs Secretaires y expedient les Ordonnances qu'on donne dans ce Conseil, tant pour les gages des Officiers de la Maison Royale, que pour les Rentes, qu'elle peut devoir aux particuliers & autres prétendans. Il y a aussi un Grand Trésorier général, qui tient une des clefs du Trésor, & deux Controlleurs, qui ont châcun la leur, ayant soin de voir ce qui sort & entre dans les coffres du Roi, revoyant les assignations que le Conseil a données, & tenant Regître de tout, pour éviter les abus & les malversations, qui pourroient se glisser dans cette distribution.

De

De ces Officiers supérieurs dépendent quantité de Commis & autres gens nommez par eux, mais qui doivent être aprouvez par le Conseil, & dont l'énumération seroit un peu longue à faire. Ils sont tous employez à des affaires importantes; les uns à retirer des quitances, tant des Soldats que des veuves, dont les maris sont morts dans le service, & qui ont des pensions, & plusieurs autres qui font une multiplicité d'assignations qui passent par ces Contadoreries, dont je ne puis me souvenir. On plaide à ce Conseil, & il y a un substitut du Procureur Fiscal, des Procureurs, Greffiers, Sergens, Portiers, dont les charges s'achétent, & sont à la nomination du Président, qui s'en sert dans certaines expéditions, & actes publics. Deux Auditeurs de la Chambre de Castille assistent l'aprésdinée à ces plaidoyers. Enfin ce Conseil forme un trés-grand corps divisé en plusieurs particuliers, pour rendre justice aux sujets de sa Majesté Catholique, & ce qui en est une preuve c'est qu'on y compte 26. Trésoriers, d'où l'on peut juger du reste.

Du Conseil de Flandres.

POur la conservation & la tranquilité des Pays-bas, le Roi d'Espagne y entretient plusieurs Conseils qui ont soin d'y faire administrer la justice & dans sa Cour il en a établi un pour ce qui regarde leur gouvernement universel avec titre de Conseil de Flandres & de Bourgogne, créé par Philippe IV. en 1628. Il est composé d'un Président, de trois Conseillers, d'un Secretaire & d'autres Officiers, comme il est marqué dans les autres Conseils, mais le Président étant mort & deux des Conseillers ; il se tient rarement depuis quelque temps, & semble presque anéanti : cependant Monsieur de Castel Rodrigue, qui a été Gouverneur des Pays-bas, y présida le 15. d'Août 1670.

Je crois qu'après avoir ouï parler de cette quantité de Conseils, on conclura d'abord que c'est un ordre trés-beau & que les matiéres ne peuvent être que bien digérées aprés tant de délibérations & rectifiées par tant de personnes choisies capables de tels employs. Mais je puis dire avec vérité que l'experience m'a fait voir le contraire, & que la lenteur, aussi bien que la précipitation gâtent souvent les affaires

faires : voici, sans exagération la maniére dont elles se traittent.

L'Espagne n'ayant point de Premier Ministre, ce n'est qu'aprés bien des longueurs que vous parvenez à avoir un Commissaire pour examiner vos prétentions : quand on vous en a donné un, aprés châque conférence, il fait son raport par écrit, qu'il envoye directement à la Reine Régente, je parle du temps, que j'étois à Madrid. Sa Majesté le renvoye à la *Junte*, qui est un Conseil, que Philippe IV. lui laissa en mourant, & dont je dirai un mot ci-aprés. La Junte donne son avis, & le renvoye à la Reine. Sa Majesté le renvoye au Conseil d'Etat, ce Conseil l'ayant vu, il ordonne au Sécretaire d'en faire la consulte, qui ne peut être signée qu'au Conseil suivant. Cela se renvoye encore à la Reine qui aprés avoir pris l'avis de la Junte, se conforme pour l'ordinaire à l'avis du Conseil d'Etat, faisant rarement autre chose que ce dont il est convenu. Quelquefois elle renvoye encore la chose au Conseil d'Etat pour l'examiner de nouveau ; & cét ordre est généralement établi pour toutes les affaires de la Monarchie. Je laisse à penser si dans le temps qu'ils ont tant de peine à prendre un parti, leurs ennemis ne tirent pas quelquefois

de

de grands avantages de ces longueurs & de ces irrésolutions.

De la Junte.

LA Junte est composée de quatre Ministres, que Philippe IV. nomma dans les derniéres heures de sa vie, pour aider à la Reine qu'il faisoit Régente, à déliberer des affaires du Royaume. C'étoit le Marquis d'Aytonne, qui mourut lorsque j'étois à Madrid, & dont la Place fut remplie par le Connêtable de Castille qui étoit alors Viceroi en Flandres, les trois autres étoient l'Inquisiteur général, le Cardinal d'Aragon & le Comte de Pigneranda. Voila ceux qui formoient ce Conseil & dont la Reine suivoit les avis, quand elle le jugeoit à propos; étant, nonobstant cela, maîtresse absoluë de toutes choses. A l'égard du mot de *Junta*, il signifie assemblée, & nous nommerions cela en France Conseil de la Reine.

Pour finir ce qui concerne les Conseils, je dirai encore, que Charles-Quint institua en 1545. une assemblée, pour la conservation des bois, châteaux, maisons Royalles, dont les Membres sont le Mayordomo mayor, le Grand Ecuyer, le Grand Veneur, les Présidens de Castille, & de Hazienda

zienda, avec deux Conseillers de la Chambre de Castille, qui jugent définitivement des choses, qui regardent ces affaires, sans dépendre d'aucun autre Conseil, ayant Prévôt, Sergens & autres Officiers pour mettre en exécution leurs Sentences sur les matiéres civiles & criminelles. Leur jurisdiction ne s'étendant pas seulement aux environs de Madrid, mais généralement dans toute l'Espagne.

Il y a encore dans Madrid plusieurs petites jurisdictions lesquelles ont leurs Alcades & Juges particuliers fort apréhendez du menu peuple, des courtisanes & de leurs galans, parcequ'ils ont la serre aussi bonne, que ceux de France.

Priviléges des Ambassadeurs, & la maniere de leur introduction à l'Audience.

IL n'y a point à Madrid d'Ambassadeur, à l'égard duquel la Justice ose rien exécuter, sans sa permission, dans le quartier où il demeure. Ce quartier qu'ils appellent *Barian* s'étend autant que la vuë peut s'étendre depuis la porte de sa maison, & c'est ordinairement toute la ruë, lorsqu'elle n'est bornée de rien. Le Roi leur donne 800. écus de Vellon par an pour se loger, où ils veulent. C'est à eux

à choisir le quartier qui leur plait le plus; & à y mettre du plus ou du moins selon leur commodité. Lorsqu'ils arrivent, il y a un certain Palais pour les loger, où ils sont traitez jusques à ce que leur Equipage soit en état de paroître, & cela ne passe guere une semaine. Ils ont toutes leurs entrées franches; c'est-à-dire qu'ils ne payent point de droits de toutes les denrées nécessaires à leur famille, ce qui s'apelle dispense, & qui s'afferme par les gens du Pays, qui leur fournissent à certain prix ce qu'ils ont de besoin. Il y a de ces dispenses qui sont affermées jusqu'à mille Pistoles; & châcun peut aller boire, manger, & même acheter ce qu'il faut pour la bouche dans le lieu où le fermier la tient. On leur entend dire, *allons à la dispense du Nonce* & ainsi d'un autre Ambassadeur. Il est à croire qu'il y a beaucoup à profiter sur ces fermes, car elles sont fort briguées, & lorsque Monsieur l'Archevêque de Toulouse vint à Madrid, Ambassadeur extraordinaire de France, je fus sollicité de plusieurs Espagnols pour leur faire avoir sa dispense, & le premier qui m'en avoit fait parler par un marchand François de mes amis, en fut pourvû. Il faut savoir, que les gens de justice portent tous une baguette blanche à la main qu'ils
ap-

apellent *la Barre*, pour se distinguer des autres : & comme ils sont obligez de passer quelquefois les jours de Fêtes devant l'Hôtel des Ambassadeurs, ils doivent alors porter cette barre baissée & non droite comme ils font ailleurs; c'est encore là un Privilége des Ambassadeurs, qu'on m'a dit avoir été suprimé depuis quelque temps; & je croi qu'ils ne pouvoient mieux faire, parce que cela causoit des désordres à tout moment.

Aprés avoir parlé des Priviléges des Ambassadeurs, j'ai crû que je pouvois y joindre la maniere que se donnent leurs audiences. Aprés s'être reposez quelques jours dans la maison du Roi, où ils ont été regalez, & se sont promenez dans ses carosses *Incognito* s'ils ont voulu; ils font dire à leur Introducteur, qui se nommoit lors que j'étois à Madrid, *Don Emanuel de Lyra*, qu'ils souhaittent avoir audience pour présenter leurs lettres de Créance, & sa Majesté ayant pris l'heure & le jour, l'Introducteur aprés en avoir averti l'Ambassadeur le va prendre chez lui, pour le présenter à l'Audience. Lorsque Monsieur le Cardinal de Bonzy fit son entrée, il étoit monté sur une mule blanche, & ce que nous étions de François le suivions le plus proprement vétus que nous avions pû, nos chevaux parez de quantité de rubans

bans, des plus beaux qu'on avoit pû avoir. Il y avoit quantité d'Estafiers couverts d'une riche livrée qui environnoient la personne de l'Ambassadeur. Ses trois carosses, qui suivoient, étoient fort magnifiques; en un mot on peut dire que cette Entrée fut belle, & qu'il y eut beaucoup de monde. Aussi les ruës étoient-elles remplies de peuple pour nous voir passer, qui se recrioit fort sur nôtre propreté. Lorsque Monsieur l'Ambassadeur fut entré dans le Palais, il mit pié à terre au bas de l'Escalier, où les Gardes de leurs Majestez étoient en haye. Il fut conduit dans la chambre où étoit la Reine Régente, qui reçut ses complimens à la maniére ordinaire. Cette cérémonie achevée, Monsieur l'Ambassadeur revint dans son carosse à son Hôtel. Cette audience ne fut pas heureuse pour lui, puis qu'en descendant de sa mule, il reçut un coup de pié de cheval.

Lorsque Monsieur D. G. eut son audience, comme Envoyé extraordinaire de S. A. S. Monseigneur le Prince de Condé, nous y fûmes conduits en Carosse par le même Introducteur. J'entrai alors fort avant dans la chambre où étoit la Reine, qui étoit tenduë de noir. Nous la trouvâmes assise prés d'une table: elle étoit vétuë

de

de blanc, & à peu prés coiffée comme une Religieuse. Les veuves de qualité sont habillées de cette maniere. Autour de cette chambre étoient ses Dueñas vétues aussi de blanc, & ses filles d'honneur avec leur *Gardinfant* étoient si serrées contre les murailles, sans remuer les yeux ny faire le moindre mouvement, qu'on auroit cru d'abord que c'étoit des statues mises en ce lieu pour servir d'ornement.

Ces Dueñas sont ordinairement de vieilles femmes, qui sont préposées pour tenir compagnie à leur maîtresse, & pour conduire les jeunes filles. C'est à proprement parler des Gouvernantes, qui dans certains endroits se mêlent aussi de l'économie de la maison.

La Reine, aprés avoir reçu de Monsieur D. G. sa lettre de créance, lui demanda des nouvelles de la santé de Monseigneur le Prince; s'informa de sa famille, lui parlant toûjours Italien, & témoigna avoir agréable le peu de conversation qu'on eut avec Sa Majesté. Elle finit en promettant qu'elle auroit égard au sujet pour lequel il étoit venu, & qu'il seroit expédié le plûtôt que faire se pourroit. On se retira aprés cette réponse; & cette prompte expedition dura dix mois, aprés avoir mis en usage tout ce que la fine politique & tout ce que la plus adroite négotiation peut inspirer.

Après avoir demeuré quelque temps à Madrid, comme Monsieur D. G. pressoit les Ministres par de vives sollicitations de le renvoyer, la Reine lui fit offrir par l'Introducteur un *Ayuda de Coste* c'est-à-dire une somme pour aider à la dépense, ce que plusieurs Envoyez acceptent; mais il remercia Sa Majesté & répondit qu'il n'étoit venu que pour faire les affaires de son Maître, & non pas les siennes propres, que toute la grace qu'il demandoit, étoit de faire avancer les choses plus promptement qu'elles n'avoient été. On ne manque jamais les gens à Madrid, quand on va les voir; parce que c'est la coutume parmi les personnes de qualité d'envoyer un Page demander à celui que vous allez voir, son heure & son jour, qu'il donne comme bon lui semble; & le Page a un *agenda* sur lequel il écrit les visites que veut faire son Maître. C'est par ce moyen qu'on est asseuré de trouver ceux auxquels on a affaire: cette méthode est même usitée pour des visites sérieuses & de simple civilité. Ces Pages ne vont point à pié; mais se mettent dans la portière du carosse qu'il est fort aisé d'ouvrir; mais chez les Grands ils ont un carosse, pour eux en particulier

lier, & leur Gouverneur marche devant à cheval. J'ai vû une fois passer le Cardinal d'Aragon, qui alloit rendre visite à l'Amirante de Castille. Son train occupoit toute la ruë, & il étoit dans une chaise fort belle & fort magnifique avec six porteurs de ses livrées, qui se relevoient de tems en tems. Il avoit au moins dix-huit ou vint estafiers. Le Carosse du Corps étoit tiré par huit belles mules isabelles; celui de ses Gentils-hommes & de ses Pages étoit à six, son écuyer monté sur un trés-beau cheval, & l'on peut dire que tout cela avoit un air superbe & de grandeur.

Il n'y a que les gens du commun qui n'ayent que deux mules à leurs carosses, & un peu avant nôtre arrivée à Madrid les personnes de qualité en mettoient jusqu'à douze & davantage, ce qui faisoit de trés grands embarras, car leurs traits de cordes, qui sont fort longs occupent beaucoup d'espace. Ce qui a donné lieu à reformer cette coutume, c'est que deux Grands d'Espagne ayant été exilés quelque temps, & étant rappellés à la Cour, firent mettre un si grand nombre de Mules à leur Carosse, qu'à peine étoit-il entré dans la porte de la ville que celles de devant étoient déja entrées dans la porte du Palais, où s'embarassant avec d'autres elles causérent tant de désordre par la querelle qui en survint, qu'il y eut plusieurs hommes de tuez. Lorsqu'ils vont en campagne, ils en mettent au timon quatre de front & les autres aprés. Le cocher ne monte point sur le siége, comme en France, il se met à cheval & en meine plus seurement. Lors qu'ils trouvent des descentes, ils vont d'une si grande vitesse, que cela fait peur à ceux qui n'ont point accoutumé cette maniére; mais dans la ville, ils vont d'un pas si grave, & si lent qu'on en est ennuyé, c'est aller en leur langage *de spaçio a spaçio*.

Monsieur le Marquis de Cœuvres vint encore à Madrid, lors que j'y étois, complimenter le Roi qui avoit été malade; j'eus aussi l'honneur de l'accompagner au Palais. Il fit peu de séjour en Espagne, & nous nous en retournâmes avec lui jusques à Bayonne.

Aprés toutes les remises & toutes les défaites de ces Messieurs les Ministres Espagnols, Monsieur D. G. leur fit entendre que S. A. S. Monseigneur le Prince en étoit las, & qu'il avoit ordre de demander son audience de congé; ce qui les fit entrer tout de bon en matiére, & il fut ordonné qu'il toucheroit certaine somme d'argent comptant, qui fut reçuë, & d'autres assignations sur les Pays-Bas. Cela étant conclu

clu nous ne songeâmes plus qu'à nôtre départ, & Monsieur D. G. à faire ses adieux où je le suivis toûjours. Il eut avec Monsieur le Cardinal de Montalte une assez longue conversation. Cette Eminence lui offrit un Canonicat de 18. mille livres de rente, s'il vouloit demeurer en Espagne; mais cét apast n'a pas assez de charmes, pour faire quitter sa patrie & le service qu'on doit à son Prince & à son Souverain, quand on a le cœur bien placé.

Ces Messieurs ne se laissent voir ordinairement, que sur les trois à quatre heures du soir, & leurs Pages viennent toûjours vous accompagner jusqu'au carosse, tenant châcun deux grands flambeaux de poing de cire blanche. Leurs appartemens sont de grandes & longues enfilades avec beaucoup de meubles de la Chine, où sont plusieurs pots pourris qui répandent par tout des parfums agréables. Le menu Peuple qui ne peut suporter cette dépense se contente de brûler du romarin, qui croît en ce pays en abondance, & dont on chauffe les fours.

Il seroit ennuyeux de raporter le détail de toutes ces visites, c'est pourquoi je finirai par celle de Monsieur l'Inquisiteur Général, qui a plusieurs rayes noires dans son antichambre, qui sont les limites des

G 5   civi-

civilitez qu'il veut rendre aux gens qui le vont voir, de sorte qu'il va reconduire un Ambassadeur jusqu'à un certain endroit, un Envoyé jusqu'à un tel, & ainsi des autres, & cela est tellement réglé, qu'aussi-tôt qu'il a fait ce chemin, il vous donne d'un *Baya con Dios*, & s'en retourne sur ses pas.

Comme la coûtume veut que les Têtes Couronnées fassent des présens aux Ambassadeurs & aux Envoyés quand ils ont pris leur audience de congé; on fit pressentir Monsieur D. G. sur ce qui lui conviendroit le mieux, & se voyant pressé de le dire, il fit entendre qu'un cavalier aimoit mieux une épée ou un beau cheval, que tout autre bijou, c'est pourquoi la Reine lui fit donner un *Andaloux*, que nous menâmes en France avec d'autres beaux chevaux de ce Pays là. Si nous étions bien aises de quitter Madrid, les Gentils-hommes de Monsieur l'Ambassadeur & nos autres amis en étoient bien fâchez ; mais aprés plusieurs embrassades, nous nous séparâmes dans l'espérance de nous revoir tous à Paris.

Re-

Retour de Madrid à Paris.

APrés avoir demeuré si long-temps à Madrid, & fini les affaires pour lesquelles on y étoit allé, nous partîmes pour revenir en France, le 10. Septembre 1670. environ sur les deux heures aprés midi, prenant une autre route que celle par laquelle nous étions venus, afin de voir le pays. Nous fûmes coucher à quatre lieües de Madrid, sur le chemin d'Alcala de Enares, à un lieu nommé Torréjon où nous fûmes mal logés. Il faut dire aussi que nous étions une grande troupe & avions beaucoup d'équipage, mulets, chevaux, carosses, chaises roulantes, & tout cela faisoit que nous ne trouvions pas dequoi nous loger commodément en bien des endroits, où nous eumes beaucoup à souffrir.

Le 11. nous trouvâmes un assés beau Pays jusques à Alcala. C'est une des plus célébres Universitez d'Espagne. La ville me parut assés jolie & bien située. La Riviére de Enares y passe. Les habitans sont à leur aise à cause de la quantité d'écoliers qui vont y étudier. Nous ne voulumes pas y arrêter pour aller dîner à trois lieües au delà, dans un lieu nommé *Mar-*

Alcala de Enares.

cha

Marcha cha *Malo*, aprés avoir laissé plusieurs bons
Malo. villages derriére nous, & entr'autres Lou-
véra.

Nous passâmes encore un beau & bon
Jon- pays l'aprésdinée, & nous couchâmes à
quera. un petit village nommé Jonquera, où l'on
se sépara en plusieurs maisons.

Le 12. on fut dîner à une petite ville
Jadara- fort jolie nommée Jadaraque, située dans
que. un fonds fort agréable. Nous ne passâmes cette matinée qu'un Pays infertile &
mauvais. L'aprésdinée ne me fut pas moins
Robol- ennuyeuse, pour venir coucher à une mé-
loza. chante bourgade nommée Robolloza.

Le 13. nous allâmes dîner à Barona,
Barona. qui est une bourgade fort maussade, &
Parédes de là coucher à Parédes, où nous fûmes
trés-mal logez, bien que le Seigneur du
lieu envoyât quelques bouteilles de son
vin, avec beaucoup de civilitez.

Le 14. nous marchâmes cinq lieuës
par de grandes campagnes dépeuplées,
pour dîner à une bourgade nommée Al-
Almé- ménar, située dans un Pays de labour, &
nar. dans une fort belle plaine, semblable à
celle de la Beauce. Nous pensâmes y
être bien maltraités par l'imprudence de la
maitresse de l'hôtellerie, où nous étions
logés. C'étoit une friponne, qui disoit
avoir perdu deux serviettes, & qui devoient

voient avoir été prises par nos valets qu'on a toûjours connu pour trés-fidéles ; mais afin de finir la dispute, on lui offrit de lui payer, au de-là de ce qu'elles valoient, & son brutal de mari arrivant, dit qu'il ne vouloit point d'argent & qu'il vouloit avoir ses serviétes, qu'on avoit cachées aussi bien qu'une assiete d'argent que nôtre officier retrouva. Ce maraud persistant dans son insolence, un de la compagnie ne la pouvant souffrir lui donna quelques coups de poing, qui le jetterent par terre dans une Jatte pleine d'eau à la glace. Aussi-tôt cette misérable courut à l'Eglise faire sonner le Tocsin, sur nous & en peu de temps nous nous vîmes environnez de tous les Habitans armés, prêts à nous assommer ; mais l'Alcade du lieu ayant entendu nos raisons & la maniére dont on avoit agi, fit retirer cette Canaille, & reprimenda cette femme avec sévérité. Sans la fermeté & la résolution avec laquelle on parla à l'Alcade, peut-être ne seroit-il revenu aucun de nous en aporter des nouvelles en France, car la maxime du Pays est de sonner le Tocsin de paroisse en paroisse jusqu'à ce qu'on aît arrêté ceux qu'ils veulent saisir ; de sorte que nous pouvions dire n'avoir pas été malheureux de ce que le tout s'étoit passé de cette maniére. Nous

Almaçan.

Nous arrivâmes ce soir-là à une fort jolie petite ville nommée Almaçan, qui fut le meilleur gîte & le plus agréable de cette route, & peut-être de toute l'Espagne. La Riviére de Douéro y passe, & ce pays est trés-beau. Nous traversâmes ce jour-là de grandes campagnes & quelques Bois de chênes verds. Le Comte & Seigneur de ce lieu fut tué en Duël, il y a quelque temps, devant le Palais de Madrid. Ce fut pour une des filles de la Reine, à laquelle il faisoit l'amour. Ce peuple me parut si caressant & si honnête, que j'avois regret de le quitter.

Porto agrada.

Le 15. aprés avoir passé cinq grandes lieües de pays unis, nous rencontrâmes Porto-agrada, petite ville située au bas de quelques côraux. C'est un passage gardé, où se payé la Doüane. Cette route est plus belle que l'autre, & l'on y trouve bien plus de bons villages & mieux peuplés. Il falut montrer nos passeports à l'Alcade de ce lieu, & lui faire un présent pour gagner le temps, qu'il auroit falu employer pour nous examiner à la rigueur : car ces Messieurs-là trouvent toûjours quelque occasion pour tirer des passans quelque chose, & cela nous attira sa visite pleine d'honnêtetez. Il nous donna

VOYAGE D'ESPAGNE. 159
na même deux Gardes à cheval, pour nous conduire à trois lieües de-là, où il y a encore des Commis, qui ont droit de visiter & qui sont reputez pour de la canaille, qui sous ce prétexte volent les pauvres passagers. Ils apellent en Espagne *des Ports* ces endroits fermez par des montagnes. Beaucoup de pauvres Auvergnas, qui vont à Madrid & ailleurs, pour gagner leur vie à porter de l'eau & des fardeaux se trouvérent là afin de passer avec nous, & me donnerent plusieurs petits paquets d'or à leur garder jusqu'à nos frontiéres.

L'aprésdinée se passa à nous tirer d'as- Santro-
sés méchans chemins qui se rencontrent nillo.
entre deux montagnes, & qui conduisent à Santronillo, où nous arrivâmes sur la brune. C'est un lieu fort entouré d'Olivettes & de Vignes.

Le 16. nous entrâmes dans la Navarre, laissant sur nôtre gauche une petite ville assés jolie. Ce Pays me parut fort beau, & ayant du raport à nos campagnes de Languedoc. Aprés avoir fait cette matinée environ quatre lieües nous passâmes la Riviére d'Ebro à un lieu nommé Ca- Cabré-
bréta. Les passagers me dirent qu'elle por- ta.
toit batteau à trois lieües de là. Nous passâmes encore une assés belle Riviére qu'on
nomme

nomme l'Arragon. A une portée de mouſ-
quet de ce paſſage on rencontre Marſilla, qui eſt une petite ville aſſez jolie, où il y avoit une foire ce jour-là. Nous y dînâmes, & la quantité de gens qu'on voyoit ſur ſes avenuës, nous divertit quelque temps. Il y avoit même pluſieurs Marchands François pour y trafiquer. Nous commençames en cét endroit à nous ſentir un peu du voiſinage de la France, & d'y être bien traitez.

Marſilla.

Nous marchâmes le reſte du jour par un chemin de landes pendant quatre lieües, & arrivâmes à Taffalla, qui eſt une fort jolie petite ville & l'Univerſité de la Navarre. On voit quantité de Jeuneſſe en ce lieu y faire leurs études. Les Eſpagnols à cauſe de ſon colége, l'appellent *La Flor de la Navarra*. Avant que d'entrer à Taffalla, on trouve ſur la droite une pete ville nommée Olita, ſituée ſur le bord de la petite riviére de Syraco. Ce terroir eſt un grand Vignoble trés-bon.

Taffalla.

Olita.

Le 17. nous fûmes dîner à Pampelone Capitale de la Navarre; où étant arrivez, on fit faire compliment au Viceroi, qui envoya un de ces Officiers pour faire auſſi ſes civilitez, s'excuſant de ce qu'il n'y verroit pas lui-même, ſur une indiſpoſition. Cette ville eſt aſſez conſiderable. Elle a

Pampelone.

une

une bonne Citadelle revêtuë de sept bastions. Je remarquai que depuis Madrid jusqu'à Pampelone les femmes se coëffent de différentes maniéres, & sur les confins du Royaume d'Aragon où je passai, elles font un rond de leurs cheveux derriére la Tête, comme faisoient autrefois les Demoiselles en France. Les Navarroises ont la Taille plus haute, plus aisée & beaucoup mieux faite que les Castillannes.

Nous sortîmes ce jour-là de Pampelone, pour aller coucher à Hostiche, qui est à deux lieües de là, où l'on trouve un trés-méchant chemin, & un trés-mauvais gîte. *Hostiche.*

Le 18. nous commençames d'entrer dans de trés-grandes & affreuses montagnes. Nous ne laissâmes pas de faire sept lieües cette matinée, & nous dînames à Erisonde, qui est en Biscaye, où je pris beaucoup de plaisir à voir sauter les enfans de ce pays. C'est je pense le peuple qui a le plus de légéreté & de souplesse. Ils sont grands, droits, laborieux, deliberez, propres, cultivant bien leurs terres. Nous sentîmes dans cét endroit une grande joye d'approcher de nôtre Patrie. Nous arrivâmes ce jour-là assez tard à Porto-maya petite ville, où il y a une brigade, qui garde ce passage, comme la porte de ce pays, *Erisonde en Biscaye. Porto-maya.*

pays, & qui a droit de visiter ceux qui vont & viennent. Le chemin d'Erisonde à Maya est trés-difficile, bien qu'il n'y ait que trois lieües, je n'ai jamais fait une route si ennuyeuse.

Le 19. partant de Maya, nous passâmes encore des montagnes & des chemins fort incommodes & étroits, ayant d'un côté des précipices & au dessus des rochers fort escarpez & à perte de vüe. Aprés avoir marché environ une heure & demie, nôtre Guide nous montra sur une hauteur les bornes qui font la séparation des Royaumes de France & d'Espagne, & ayant fait trois lieües, nous rencontrâmes un gros Bourg nommé Añoa. C'est le premier lieu qui est à la France en venant d'Espagne de ce côté-là. Il est environ de deux cens feux. Je m'informai comment ils vivoient avec leurs voisins; & ils me répondirent, que même dans le temps de la guerre entre les deux Couronnes, la tranquilité régnoit entr'eux & qu'ils commerçoient ensemble fort paisiblement.

Nous trouvâmes à Añoa quelques personnes qui venoient au devant de nous, & nous arrivâmes sur le midi à Bayonne, où nous étions attendus avec grande chére en poisson. Ce fut pour moi un agréable Vendredi; car il n'y a aucun bon poisson à Madrid

Añoa.

Bayonne.

Madrid, comme j'ai déja dit, & les jours maigres y sont difficiles à passer. Nous demeurâmes à Bayonne jusqu'au Dimanche, pour nous rafraîchir des grandes incommoditez que l'on souffre en voyageant en Espagne. Aprés avoir réglé quelques affaires, & donné les ordres que devoit tenir nôtre équipage, nous prîmes la poste sur les quatre heures du soir par les grandes Landes, pour venir coucher à S. Vincent qui n'est qu'à six lieües de Bayonne. *S. Vincent.*

Le lendemain 22. aprés nous être séparez de quelques amis qui nous étoient venus conduire, nous montâmes à cheval, & allâmes à Mayesque attendre Monsieur D. G. qui avoit passé par Bidache, pour rendre visite à Monsieur le Comte de Guiche. Aprés avoir dîné en ce lieu nous remontâmes à cheval & poursuivant nôtre route nous arrivâmes le lendemain matin à l'Espron, où se trouva un Conseiller du Parlement de Bourdeaux, ami de Monsieur D. G. qui nous mit dans son Carosse & nous mena chez lui, où il y avoit un régal magnifique qu'il avoit fait préparer, car c'est la ville de France où se fait la meilleure chére & la plus délicate. *Mayesque. L'Espron. Bourdeaux.*

Le 23. nous partîmes de Bourdeaux sur les onze heures du matin, & fûmes coucher à quelques postes de-là, chez un Gentiltil homme, qui nous fit auſſi une trés-grande chere.

Angoûlême. Le 24. nous couchâmes au Château d'Angoulême, aprés avoir paſſé par Barbezieux. Nous y arrivâmes trés-fatiguez ayant fait beaucoup de chemin ſur les mêmes chevaux parce que c'eſt une traverſe: mais le bon acceuil que nous reçumes, ſoulagea ma laſſitude.

La Rochefoucaud. Le 25. aprés avoir dîné, nous allâmes coucher à la Rochefoucaud, qui eſt à quatre grandes lieües d'Angoulême. Beaucoup de gens nous y attendoient avec trop bonne chére, & bien de l'impatience: nous y ſéjournâmes tout le 26. pour obliger tous les bons amis de Monſieur D. G.

Le 27. on reprit la poſte par la route ordinaire, & pour ne pas repeter beaucoup de petites choſes nous arrivâmes à Paris d'aſſez bon matin le 4. Octobre 1670. où je retrouvai avec bien de la joye mon lit & ma maiſon.

Fin du Voyage d'Eſpagne.

VOYAGE DE MADRID A LISBONNE.

Aprés avoir fait quelque séjour à Madrid, je commençai de m'ennuyer, & il ne sera pas mal-aisé de se le persuader, si l'on considére l'antipathie naturelle qu'il y a entre la nation Espagnole & la nôtre; si j'avois pu accompagner deux Gentils-hommes de mes amis, qui alloient voir le Portugal, je l'aurois fait volontiers, mais la bienséance ne me le permettant pas, j'allai les conduire quelques

ques lieües, & les priai, comme les connoissant exacts & curieux de me faire des mémoires de ce qu'ils trouveroient digne de remarque pour me les communiquer & les joindre aux miens, de sorte que repassant à Madrid, où j'étois encore, ils me donnérent ce que l'on va voir dans la suite de ce discours.

Tolede   Ils partirent le lendemain des Fêtes de Pâques, qui étoit le 17. Avril mil six cens soixante & dix, & allérent coucher à Tolede, jusques où l'on compte douze lieües. La plûpart des voyageurs vont voir cette ville, Capitale d'une Province qui portoit autrefois le tître de Royaume, & dont les Rois y faisoient leur séjour. L'Eglise est fort curieuse à voir. Ses portes fort exaucées sont de Bronze, & l'on y voit un grand amas de Reliques. Ses richesses sont extraordinaires. Une robe, qui sert à la Nôtre Dame toute tissue de Perles, de Rubis, & d'Emeraudes d'une considerable grosseur, & même quelques unes comme le pouce; Une Couronne parsemée de Pierreries, & plusieurs Mitres d'une trés grande valeur. Cette Eglise porte le nom de S. Alphonse. C'est le premier Archevêché d'Espagne possedé autrefois par un des Seigneurs de la maison de Croy, nommé Guillaume, qui fut aussi Evêque

de

VOYAGE DE PORTUGAL. 167
de Cambray du temps de Charles-Quint;
L'Archevêché de Toléde vaut trois cens
soixante mille ducats de revenu. La ville
n'est pas belle, bien qu'elle soit assés peuplée. Elle est haute & basse, située sur
des montagnes. Il y a sur la hauteur, un
Château de forme quarrée où l'on tient
ordinairement 500. Chevaux de Garnison.
Le Tage y passe, & quantité de Fourbisseurs y font leur demeure. Les lames d'épée, comme j'ai déja dit, sont chérement
vendues. Elles coupent le fer & valent
jusqu'à 20. & 30. pistoles. Les rues y
sont étroites & desagréables. Elle étoit fortifiée du tems des Maures.

Le 18. ces Messieurs prirent le chemin
de Grenade, qui est environ à 67. lieües
de Toléde. C'est un chemin autant fâcheux qu'incommode, & pendant sept
jours de marche, ils ne trouvérent aucun
lieu raisonnable à se loger. Ce sont de méchantes tavernes, dont les gens qui les habitent sont mal faits & de méchante mine.
Elles sont distantes les unes des autres de
deux, ou trois lieües. Malagon est la
premiére qu'on trouve, & à deux lieües
par de là on commence à passer la Guadiana, sur un Pont de pierre assez long, *Guadiana, Riviére*
mais peu considerable. Cette riviére est
si couverte de joncs & de rochers en cét
endroit

endroit qu'elle ne paroit pas une Riviére.

Ciutad Réal.   Le 19. ils arrivérent à Ciutad Réal, qui est une petite ville affés jolie, pour ce Pays.

Le lendemain 20. ils couchérent à Almagro ; car bien fouvent on fait mieux de dîner au frais fous un arbre que d'entrer dans ces maifons malpropres.

Almagro.   Almagro eft un gros Bourg, dont les ruës font affez belles, le Pays d'alentour qu'on appelle la Manche eft bien cultivé. C'eft de là, que le fameux Don Quichote eft forti. On trouve aprés Almagro, un grand Bourg nommé Elivio.

Le lendemain 21. à deux lieües de là, on commence d'entrer dans la Sierra Morena, qui veut dire Montagne noire. Elle dure douze lieües, dont le chemin eft trés-apre, & raboteux avec beaucoup de rochers, entre lefquels croiffent quantité de Romarins & d'autres plantes aromatiques. *Lymarés.*   Le foir ils trouvérent Lymarés, gros bourg, où eft la couchée.

Le 22. on paffa un petit ruiffeau qui tombe dans le Guadalquivir & l'on fut *Tética.*   dîner à Tetica. L'aprésdinée on repaffa cette riviére fur un pont de Pierre : l'eau *Mufuéla.*   eft affés rapide en cét endroit. Enfuite on rencontre Mufuéla, qui eft un bourg affez joli, où l'on coucha.

Le

VOYAGE DE PORTUGAL. 169

Le Mecredy 23. on passa encore des chemins entre des vallées & des montagnes, qui n'étoient pas desagreables où les Orangers, Grenadiers, Figuiers & Oliviers arrosez par de petits ruisseaux font un Paysage & un désert si ravissant que ce sont des enchantemens pour la vüe. Cela conduit à un méchant village nommé Campillio, qui est la couchée, & fait partie du Royaume de Jaen, d'autant plus considerable qu'il a 14. ou quinze lieües de circonférence & une petite ville qui porte le même nom, qui est sa capitale & qui a un Evêché. *Campillio.*

Le 24. on marcha encore quatre lieües par la montagne qui conduit dans un bois de chênes verds fort agreable, qui dure prés de trois lieües jusques à Grenade, qui est une ville assez renommée, pour meriter qu'on dise quelque chose de ce qu'on y voit de rare & de beau.

On y séjourna le 25. Elle est située sur une éminence au milieu d'une plaine entourée de Montagnes. Elle est à peu prés de la grandeur d'Orleans, mal bâtie, les rües étroites; mais elle paroit marchande. C'est un Archevêché où plusieurs Rois d'Espagne ont fait leur demeure. Ce qu'il y a de plus beau à voir, c'est le Château, qu'ils appellent le *Lambra*. Il est *Grenade. Lambra.*

H

est sur une éminence au sortir d'une ruë qui va toûjours en montant, où vous rencontrez une grande allée d'Ormes qui vous conduit jusqu'à la Porte. Il est bâti à la Moresque. On y voit la cour de *Los Leones*, où l'on peut aller tout autour sous des galeries soutenues de colonnes d'albâtre, qui forment autant de Portiques. Il y a dans cette Cour douze figures de Lions qui jettent de l'eau par la gueule, & qui sont autant de fontaines qui joüent incessamment. Ces galeries, dont je viens de parler, sont parées d'Albâtre. Les chambres sont voûtées, dans la plufpart desquelles, il y a des fontaines, & les carreaux des planchers sont dorez. On y voit celle où ces Rois Mores se baignoient, dans des Bains faits d'albâtre & une autre, où ils faisoient leurs *Siestes*, après avoir dîné. Il y en a une où les Reines s'habilloient. On y voit dans un des coins sept jets d'eau, qui sortent du plancher & qui servoient à les raffraîchir. Il y a encore une autre chambre qu'on nomme la Chambre du secret, où l'on entend d'un coin à l'autre ce qu'une personne peut dire, si bas qu'elle puisse parler. La Salle où se tenoient les Conseils est aussi fort belle, & l'on peut dire que tout cela sent fort sa magnificence & sa grandeur.

Il

VOYAGE DE PORTUGAL. 171

Il y a une autre maison quarrée, que Charles-Quint fit bâtir, qui ne paroit pas grand' chose, & qui achéve de se ruiner. Il y a aussi dans la ville une maison pour la Trésorerie fort enrichie de colonnes d'albâtre & fort belle. On voit encore hors la ville une jolie maison dont les Jardins sont en Terrasses. C'est le lieu, où autrefois les Rois de Grenade alloient se divertir.

L'Eglise Cathédrale est une chose à voir : elle n'est pas fort grande ; mais le Dôme en est beau. Les douze Apôtres en relief y sont placez autour, & sont d'un Bronze doré. Cette ville est assez peuplée ; ses places & ses principales ruës portent le nom des Rois Mores, qui l'ont possedée long temps. Ce fut Fernand d'Arragon & Isabelle de Castille qui la conquirent sur le Roi Hijo, nommé ainsi parce qu'il étoit d'une taille fort petite, mais fort brave de sa personne. Il y a un ruisseau qu'on appelle le Genil. De l'autre côté de Grenade paroit une autre montagne qui est *la Sierra Nieva*, au bas de laquelle il y a beaucoup de maisons de campagne bien entretenues, qui font un aspect trés-agréable.

Hijo veut dire petit fils, petit Enfant.

Aprés avoir vu ce qu'il y avoit de plus curieux à Grenade, on en partit le 26.

H 2 Avril

Avril, marchant six lieües dans la plaine, pour aller dîner à une méchante Taverne. L'aprésdinée on passa un trés-mauvais chemin, qui meine à Alcala Réal, située sur le haut d'une montagne, & dans un fort méchant Pays, qui est de l'Andalousie.

Alcala Réal.

Le 27. les chemins ne se rencontrérent pas plus agréables, on fait six lieües sans trouver de maisons, bien que les terres y soient passablement cultivées. On y traverse beaucoup de ruisseaux, qui se déchargent dans le Guadalquivir. On fut contraint de coucher dans un méchant lieu, nommé Valna.

Valna.

Le 28. l'on dîna dans un gros village situé sur une hauteur nommé Castro Rio. L'aprésdinée, l'on passa la Riviére de Guamos, & aprés avoir marché six lieües on arriva sur le soir à Cordoüe où il y avoit ce jour-là une Procession. On y vit quantité d'hommes & de femmes qui dansoient avec des castagnettes devant des Images.

Castro Rio.

Cette Ville est assez ancienne & considérable, pour en parler avec un peu d'étendue : elle est située dans un fonds entre des montagnes. Le terroir en est fort fertile. Elle n'est pas tout-à-fait si grande que Grenade, mais elle est mieux bâtie & dans un plus bel air. Beaucoup de gens de qualité y font leur séjour, & c'est le lieu

Cordoüe.

lieu qui fournit les plus beaux chevaux d'Espagne. C'est pourquoi on a un soin particulier de ses haras. Les écuries y sont trés belles & le Manége fort beau. Le Guadalquivir y passe sous un pont de pierre assez long. La Mosquita est belle à voir. C'est une Eglise dont le maître-autel est au milieu. Elle est ornée d'une infinité de Piliers d'albâtre; & comme il y a beaucoup de chapelles accompagnées de quantité de ces colonnes, cela surprend tellement la vûe en y entrant, qu'on a de la peine à démêler ce que c'est. Il y a un endroit dans cette Eglise dans lequel on voit cinq Portiques, lesquels donnent sur un Jardin d'environ trois arpens en quarré, planté de fort beaux & grands Orangers, qui forment de belles allées, comme font nos Ormes en France. Cela a été fait par les Mores, & ce Pays est encore tout plein de leurs vestiges.

Cordoüe est un Evêché, qui portoit autrefois le Titre de Royaume. La Maison de l'Evêque est un grand bâtiment; le Jardin en est beau, & agréable; on y respire une odeur suave qu'un petit bois d'Orangers y répand. Le monde y est fort civil, & l'on voit par la ville assez de carosses. Il y a une maison d'Inquisition située sur le bord de la riviere, & plusieurs

Couvents, dont celui de S. Augustin est le plus beau.

Eseija. Le 30. laissant Cordoüe, on fut coucher à Eseija qui en est à dix lieües. C'est une petite ville assez jolie, où il y a une place, au milieu de laquelle est une fontaine entourée d'Oliviers. Le Xenil qui commence à couler dés Grenade y passe, & le Pays d'entre Cordoüe & Eseija n'est que de landes.

Carmana. Le Premier de May on fit route par un Pays assez plat, où l'on voit dans la plaine quantité d'Aloës & beaucoup de Grenadiers & d'Oliviers. La chaleur fut bien incommode ce jour-là. Carmana fut la couchée. C'est une petite ville sur une éminence, fort ancienne & où il n'y a rien à remarquer.

Séville. Le 2. on partit de grand matin pour aller à Séville, qui en est à sept lieües, où l'on arriva d'assez bonne heure, pour y dîner ; ce chemin est pavé & fort ennuyeux. Cette ville est située dans une plaine à perte de vuë. C'est la capitale de l'Andalousie, qui étoit autrefois un Royaume. Quelques uns la font plus grande que Madrid, mais moins peuplée, bien que la quantité de carosses qu'on y voit, surpasse celle de la Cour d'Espagne. Le Guadalquivir y passe, qui se décharge dans

la

la Mer à S. Lucar à dix lieües de là. Ce Fleuve porte bateau; mais ces bateaux ne sont pas d'une grandeur considérable. Les ruës y sont étroites; mais les maisons y sont mieux bâties qu'à Cordoüe & à Grenade. Elles sont à la Moresque. L'Alcasar, qui étoit autrefois le Palais des Rois, est entouré de murailles & de grosses Tours. Cet édifice est aussi à la façon des Mores. Il fut bâti par Don Pedro le Cruel. Le Jardin est plein d'Orangers & de Jasmins, de Bosquillons & de plusieurs grottes.

Sur le Port est la maison de *Lauro*, où se met l'argent qui vient des Indes. Il y a une autre grosse tour de brique, du haut de laquelle on voit toute la ville. On y monte imperceptiblement, n'y ayant point d'escalier & l'on y peut aller en mule & en chaise roulante.

Séville est un Archevêché. L'Eglise Cathédrale est la plus belle & la plus régulièrement bâtie, qui soit en Espagne. Ses chapelles sont à l'antique, & il y a deux Sacristies, dans l'une desquelles, il y a quantité de beaux ornemens. Il y a dans cette ville beaucoup de Couvents. On y voit deux maisons de ville, qui n'ont rien de superbe. Sa principale Place, & la fontaine qui est au milieu, sont assés médiocres. La riviére la divise en deux.

On la passe sur un pont de bois assez long, au bout duquel est un vieux bâtiment, qui est la maison de l'Inquisition. Il y a un cours, où l'on va se promener, comme à Paris. Les arbres en sont très-beaux, & à l'entrée est une belle fontaine, où sont deux Statues qui représentent ceux qui ont commencé à faire bâtir cette ville. Elle est fort marchande, & a sa Bourse comme celles de Hollande, où s'assemblent les Marchands. Le haut sert pour les Conseils, & pour y rendre la Justice. L'on commence à voir en ce lieu beaucoup d'Esclaves, lesquels sont marquez sur la joue ou sur le nez. Ils se vendent & s'achétent à divers prix. On les fait travailler à ce qu'on veut. Les femmes y sont encore plus galantes & moins cruelles qu'à Madrid, pourvu qu'on ait de l'argent.

Le 4. Mai partant de Séville on fut dîner à la *Venta de la Recifé*, jusques où l'on compte six lieües. C'est un chemin assez beau, où l'on passe un bois de palmiers fort agréable. On coucha à un lieu nommé *Las Cabéças*.

<small>Las Cabéças.</small>

Le 5. la dînée fût à *Xéres de la Frontera*, ville aussi grande que Cordoüe, où il y a beaucoup de Noblesse. Ses murailles sont assez bonnes. La grande envie qu'on

<small>Xéres de la Frontera.</small>

avoit

VOYAGE DE PORTUGAL. 177
avoit d'arriver à Cadix, fit qu'on ne s'y arrêta pas. De maniere qu'aprés l'avoir quittée & marché deux lieuës, on arriva au Port Sainte Marie, où se voient en entrant quantité de croix & beaucoup de monceaux de sel. Le Duc de Medina Celi, qui se dit de la Maison de Foye, en est Gouverneur, & son fils le Duc de Medina Sidonia commande sur toute cette côte. C'est une des plus grandes & des plus riches Maisons d'Espagne. Il est ravi de voir des François & leur fait de grandes amitiez. Les maisons du Port Sainte Marie sont bien bâties & les ruës assez larges. La ville n'est pas du tout si grande que Bayonne. Il faut de nécessité s'y embarquer pour aller à Cadix, qui en est environ à trois lieuës: & comme les barques n'étoient pas tout-à-fait à bord & qu'elles ne peuvent y venir, les épaules des Mores servent à y porter les gens. Ils gagnent leur vie à faire ce métier. A demi lieuë de ce Port, on se mit en Mer, & le vent fût assez favorable pour arriver à Cadix en moins de cinq quarts d'heure.

<small>Port Sainte Marie.</small>

C'est un trés-fameux & riche port de Mer que Cadix. Toutes sortes de Nations y abordent. La place est trés-forte, & grande comme Bayonne. L'argent y est fort commun, & plus qu'en aucun

<small>Cadix.</small>

H 5

cun endroit de l'Europe. Aussi est-ce où tout celui des Indes arrive, ce qui fait que tout y est fort cher. C'est une Peninsule qui avance sur le bord de la Mer. La porte de Terre est fortifiée de deux bons bastions de pierre, munis de canon. Le port est fait en Croissant & trés-sur pour les vaisseaux. Il y a trois ou quatre compagnies en garnison, & le Gouvernement en étoit vacant depuis cinq ans. Les maisons y sont bien bâties, trés-propres, & jolies par dedans. On y voit quantité de Mores qui sont esclaves, lesquels se nourrissent de leur travail, & outre cela rendent à leurs Maîtres châque jour cinq ou six Réaux de Bellon, qui font environ 15. sols de nôtre monnoye de France. Il faut bien prendre garde à eux, car ils sont fort adonnés au larcin. Ils sont tous marquez au visage, comme j'ai déja dit. Plusieurs de leurs femmes y sont peintes de diverses couleurs. Ils vont presque tous nuds, à la reserve des parties que la bienséance ordonne de cacher. Ils portent des coliers de Reaux de plate, qui sont des piéces de sept sols & demi, qui faisoient autrefois en France la huitième partie d'une piéce de cinquante-huit sols. Cadix est un Evêché. Son Eglise est trés-belle, & l'on dit que le Tabernacle a coûté cent mille écus.

Elle

Elle est située au bout de la ville du côté de la Mer, d'où l'on voit Sainte Marie, Rota, Santa Catharina, qui est une Tour, où il y a un Hermitage. Cette ville est fort peuplée, & dans ce temps, il n'y avoit pas plus de quarante vaisseaux dans le port: mais il y avoit peu qu'il en étoit parti environ soixante.

Le 6. on se rembarqua sur le soir pour aller coucher à Sainte Marie. L'endroit où se vient joindre l'eau de son Canal avec la Mer est très-dangereux. Il s'appelle Santa Catharina. Il y a une Chapelle où les matelots se mettent en priéres à ce passage, & avertissent ceux qu'ils conduisent de s'y mettre aussi; parce qu'il y périt souvent des barques.

Le 7. on fut le matin voir l'Eglise de Sainte Marie, qui est très-belle, & où il y a quantité de figures de bronze. Les déhors de ce port sont très-agréables. Il y a tout autour quantité de jardins séparez seulement par de petites hayes, & où les Orangers sont très-communs. Ce Port est considérable par le voisinage de Cadix, ce qui fait qu'il est habité par quantité de Marchands étrangers. Quand la Marée est basse, la Riviére est large, comme la Seine à Paris. Dans ce temps le Duc de Medina Sidonia hérita du côté de sa femme

{Le Port Sainte Marie.}

le Duché de Cordoüe & autres biens, qui valent cent mille écus de rente, & le Duc de Verragnas eut la charge qu'avoit ce premier, de Général de la côte, qui l'est aussi de la Flote d'Espagne.

Du Port de Sainte Marie on voit aussi un vieux Château, où autrefois Blanche de Bourbon fut prisonniére. Son Mari Don Pedro le Cruel, qui fit, comme j'ai déja dit, construire l'Alcazar, l'y fit mettre, pour complaire à Doña Maria de Padilla, qu'il entretenoit. Charles le Sage Roy de France lui fit la guerre, en partie pour ce sujet, & Don Henriquez son Frere naturel le tua, dans la Tente du Général des Troupes Françoises qui se nommoit Elaquin, qui avoit été envoyé à son secours & qui le tenoit assiégé dans Samora, lorsqu'il traitoit d'accommodement ; ce qui n'étoit qu'un stratagême dont ce bâtard sut se servir, se faisant couronner ensuite, & montant par ce moyen sur le Thrône.

Nos voyageurs avoient dessein de passer à S. Lucar, pour aller à Lisbonne : mais ayant sû, qu'on ne trouvoit point de gîtes sur ce chemin-là, ils furent obligez de retourner par Seville, & laisser Sainte Marie derriére eux, pour aller coucher à sept lieües de là. Ils y arrivérent le lendemain 8. Ils en partirent le Vendredi 9. sur le midi

midi par la porte de Macarena, où il y a deux Hôpitaux pour les pauvres, lesquels y sont entretenus. L'un est nommé l'Hôpital de la Sangré & l'autre S. Lazare. On laisse le Guadalquivir sur la gauche, & l'on passe à Alca del Rio, dans une barque, qui en est à deux lieües. Ensuite on traversa un bout de montagne qui est de la Sierra Moréna, pour venir coucher à un méchant village, nommé Castil Blanco. *Castil Blanco.*

Le 10. on se trouva encore dans la Sierra Moréna; mais dont le chemin n'est pas si rude que de Toléde à Grenade. Aprés avoir passé par las tres Ventas, où l'on pourroit s'arrêter, on fut dîner à Almadon, méchant village distant de cinq lieües de Castil Blanco. De là le chemin par la Montagne se trouva encore assez mauvais jusqu'à Réalejo. Un vieux Château se découvre au bout de cette Montagne, & un peu plus loin on quitte l'Andalouzie, pour entrer dans l'Estramadoure, où aprés avoir marché par un chemin assés uni & planté de chênes verds pendant cinq lieües, on rencontre un méchant village nommé Monastéro où l'on fut obligé de coucher. *Sierra veut dire, Montagne. Monastero.*

Le 11. aprés avoir fait quatre lieües par un pays passablement beau, ou dîna à un Lugar nommé, la Fuente de Cantos, & l'aprésdinée on traversa deux vilages & quel- *Fuente de Cantos.*

quelques petits Côteaux, pour venir coucher à Cafra, dont le Duc de Féria est Seigneur, comme de quinze ou seize villages, qui sont aux environs de ce lieu.

<small>Cafra.</small>

Le Lundy 12. aprés avoir passé deux lieües de Pays, & un Bourg assez beau nommé la Fuente de Mestre, on fut dîner à Solana, qui est à quatre lieües par delà. C'est sur cette route qu'on trouve beaucoup de vilages. L'aprésdinée, au bout de quatre lieües, la couchée fut à Talavera sur la Guadiane. C'est un grand Bourg, où l'on nourrit beaucoup de Bétail.

<small>Solana.</small>

<small>Talavera.</small>

Le 13. on rencontra Badajox à 3. lieües de Talavera. C'est la derniére ville d'Espagne du côté de Portugal. Elle a un Evêché. Les ruës y sont assez larges, & les maisons bien bâties. Il y a haute & basse ville, & bien qu'elle soit frontiére, elle est peu fortifiée, du moins du côté de Talavera. Elle est aussi mal peuplée. Elle a une place où se voit l'Eglise Cathédrale. Son Cloître est plein de trés-beaux Orangers. Il y a seulement une compagnie en garnison, & une Sentinelle devant la porte du Gouverneur.

<small>Badajox.</small>

Le 14. partant de Badajox, on passa la Guadiane sur un Pont de pierre de trente Arches, au bout duquel est une médiocre fortification de deux bastions, gardez par

par quelques Soldats, qui ont servi long-temps de deffense aux Espagnols, & où, dit-on, beaucoup de Portugais ont laissé la vie.

Environ moitié chemin de Badajox à Eluas, qui est d'une lieüe & demi, on trouve une petite riviére qui fait la séparation de la Castille d'avec le Portugal. Avant que d'entrer dans Eluas, qui se voit de trés-loin, on passe un bois d'Oliviers, & à main gauche on découvre un Fort revêtu de quatre bastions situé sur la même hauteur de la ville, qui est trés-bien fortifiée avec de bonnes courtines tout autour. Il y a dix Compagnies en garnison, qui font prés de mille hommes. Les ruës sont belles & les maisons bien entretenuës. Cette ville est assez grande, & l'on commence à voir en ce lieu imiter les modes Françoises, comme les chausses larges & longues, des rabats à dentelle. Cela surprend de voir un si prompt changement d'habits & de langage.

On nourrit aux environs d'Eluas, qui est un Evêché, quantité de bestiaux. Lorsqu'ils étoient en guerre avec l'Espagne, le Pape ne vouloit point nommer aux Evêchez de Portugal; mais on dit qu'il commence à y pourvoir. Il y a dans Eluas une grande citerne, qui peut four-

fournir d'eau cette ville pour six mois, en cas de besoin. Le vin y est meilleur qu'en Espagne. Ce même jour on partit sur les trois heures du soir pour aller coucher à Estrémos, qui en est à six lieües. On logea à la place qui est trés-belle & grande. Les maisons sont toutes blanches par dehors, ce qui fait un trés-bel aspect. Cette ville est bien peuplée & fortifiée. On travaille même encore à ses fortifications. Elle est située sur une éminence, où paroissent deux Châteaux fort ruinez. Elle n'a que deux Compagnies de garnison. L'on commence à voir en ce lieu les Portugais porter leurs Chapelets pendants jusques à terre.

{Estrémos.}

Le 15. on laissa Estrémos sur le midi, marchant six grandes lieües jusques à la couchée qui fut à Arraxolos. On voit sur ce chemin un grand Fort sur la gauche, construit sur une montagne. On rencontre aussi beaucoup de Redoutes, qui servoient à espionner dans le temps de la guerre. Ce lieu est assez grand. Il a son vieux Château sur le haut de la montagne, & du temps que les Rois de Portugal n'étoient que Ducs de Bragance, ce bourg étoit à eux avec Titre de Comté, aussi bien qu'Estrémos; & tout le Portugal étoit ainsi divisé à des particuliers.

{Arraxolos.}

L'on

VOYAGE DE PORTUGAL. 185

L'on voyage trés-incommodément en Portugal. On ne trouve point de lits sur cette route, & trop heureux d'avoir de méchans matelas pour mettre à terre & se coucher dessus. Il ne s'y brûle que de l'huile ou d'un certain bois, qui fait une grande clarté. On n'y voit point de chandelles.

Le 16. aprés avoir marché trois lieües, on rencontra un gros bourg nommé Montémoro, qui est sur une montagne, où il y a un Château. Les Bourgades de Portugal sont bien plus belles & mieux bâties, que celles d'Espagne, les maisons ayant plusieurs cheminées. La plus grande partie de ces lieux sont entourez de beaux Jardins où les Orangers & les Citroniers sont aussi gros, que les plus gros Ormes de France, & y sont en grande quantité. On marcha l'aprésdinée par un chemin trés-agréable pendant quatre lieües, pour venir coucher à la Venta nuéva, qui est la meilleure Hôtellerie, qu'on eut encore trouvé sur cette route.

Montémoro.

La Venta nuéva.

Le 17. on partit de grand matin pour tâcher d'arriver ce jour-là à Lisbonne; & aprés avoir fait huit lieües, on se trouva à Aldéa Gallega. Ce chemin est trés-agréable. Il est arrosé de plusieurs petits ruisseaux & l'on y passe deux bois de sapins.

Aldéa Gallega.

Aldéa

Aldéa Gallega est un grand Bourg, où le Tage passe. Il est habité par beaucoup de Pêcheurs, & si tôt qu'on eut mis pié à terre, il vint quantité de ces bateliers s'offrir à nos Voyageurs & les asseurer que la Marée étoit trés-bonne pour aller à Lisbonne, qui n'est qu'à trois lieües de là. Pour ne pas perdre temps on loüa une Barque, pour faire la plus grande diligence qu'il seroit possible. De l'autre côté de ce Port, où le Tage est large & profond, on découvre une espéce de Fort. On ne fut pas une heure sur ce Fleuve, qui faisoit danser nos voyageurs un peu desagréablement, que l'on apperçut Lisbonne, & ce trajet ne fut tout au plus que de deux heures.

Etant débarquez on alla loger chez un François, dont l'impertinence mérite bien qu'on le fasse connoître pour un grand coquin. Le lendemain on alla saluer Monsieur de S. Romain Ambassadeur de France, & lui rendre quelques lettres de ses amis. Il reçut ces Messieurs avec beaucoup d'honnêteté : & envoya aussi-tôt chercher à leur insçu, leurs valets & leur hardes; les obligeant à prendre un appartement chez lui, ce dont il fut impossible de se défendre.

Lisbonne. Ce même jour 18. Mai, qui étoit un Dimanche, on sortit pour voir cette ville, qui

qui est le séjour des Rois de Portugal, & la Capitale de ce Royaume. Elle est située sur sept montagnes, & sur les bords du Tage assez prés de la Mer. Elle a un Archevêché, & les maisons y sont bien bâties. Le Palais Royal est un bâtiment quarré avec quatre Tours ornées de Balcons. Il y a deux galeries & deux plateformes avec leurs balustres, dont les vûes sont trés-agréables, cét Edifice étant sur le bord de l'eau. Cette ville est fort marchande. Il y avoit alors dans son Port 25. ou trente vaisseaux de guerre ou marchands arrivez de différens endroits.

Il paroit vis-à-vis de Lisbonne un vieux Château nommé Almada, avec une espéce de Bourgade, qui lui est contiguë. Le Tage n'est pas si large en cét endroit, qu'il l'est à Aldéjaléga. Lisbonne est fort peuplée, d'autant plus que toutes sortes de Nations y abordent; & particuliérement les Mores & Moresques, qui servent d'Esclaves, y sont en grande quantité. Ils les tirent de la Guinée. Les Litiéres y sont plus frequentes que les Carosses. Elles sont aussi fort magnifiques, comme les chaises roulantes qu'ils meinent eux-mêmes; & comme cette ville est haute & basse, & fort inégale, l'usage des Chevaux & des Mules y est fort en usage par beaucoup de gens.

gens. Les Eglises y sont trés belles & propres. Pour leurs armes, ils portent l'Epée & le Poignard.

Les Portugais sont encore plus jaloux de leurs femmes, que les Espagnols, & elles sortent plus rarement de leurs maisons, que celles de Madrid, ce qui leur fait dire, qu'elles ne vont à la paroisse que trois fois en leur vie, savoir pour être batisées, mariées, & enterrées. Il est constant qu'au moindre soupçon, que leurs maris ont de leur conduite, ils ne se font aucune peine de les poignarder, ce qui aparemment leur donne une trés-grande retenue, sous laquelle leur industrie trouve assez de moyens de tromper leurs jaloux, & se venger de l'esclavage dans lequel elles vivent.

Sur le soir on alla voir le Couvent de l'Espérance où la Reine fut enfermée six mois, lors qu'elle quitta le Roi qui est à trois cens lieües de Lisbonne, dans l'Isle de Tercére. Son Fréré Don Pédro gouverne présentement, & a pris cette même Reine pour femme, fille du feu Prince de Nemours, de la maison de Savoye. Elle entre dans le Conseil, & donne les audiences avec lui. Les Rois de Portugal d'à present sont de la Maison des Ducs de Bragance. Celui-ci n'a point encore voulu aller au Palais pour être couronné. Il demeure

meure même toujours chez lui. C'est une maison qui fut confisquée sur Castel Rodrigue, avec tous ses biens, j'en ai déja parlé dans mon voyage d'Espagne. Il prit le parti des Espagnols, quand la révolte de Portugal arriva. Par le Traité de Paix ses biens devoient lui être rendus, mais jusqu'à cette heure, je sai qu'on ne s'en est pas fort mis en peine.

Cette maison est sur les bords du Tage assez prés de celle des Rois, que ce Prince fait toujours garder trés-soigneusement par ses Gardes, qui sont au nombre de trois cens, vétus d'un gris brun chamarré de galon verd. La Cour est quarrée & remplie de boutiques de merciers, ce n'est pas un édifice de grande distinction. Il y a dedans une grande place proprement sablée & une fontaine au milieu : c'est où se fait la course des Taureaux. Les Conseils s'y tiennent comme à Madrid. Ce Palais étoit alors démeublé. La Chapelle en est trésbelle & bien bâtie. L'azur & l'or n'y sont pas épargnez.

Les magazins destinés aux choses nécessaires pour les Navires de Guerre sont prés de cette maison. Ils ont peu de vaisseaux Marchands. Ils en envoyent seulement cinq ou six au Bresil, & se servent des Anglois & Hollandois, pour aporter

leur

leur sucre & autres denrées à Lisbonne. Ils font bâtir présentement dans ce voisinage deux grandes Sales où s'assembleront les Marchands pour faciliter leur négoce.

L'Eglise Cathédrale de Lisbonne est sombre, fort ancienne, & construite du temps des Mores. La Sacristie est assez jolie. Il y a une Chapelle très-bien dorée qui est fort belle.

Il y a une autre petite Eglise, où la feu Reine Mére est enterrée, & dont elle est Fondatrice. Tout le haut jusqu'à la voute est d'Ebéne. Les colomnes en sont aussi & les moulures dorées. Toutes les Eglises de Lisbonne sont pavées de ces carreaux blanc & bleu, figurés. Il y en a une entr'autres où toutes les têtes de ceux qui ont été condamnez & brûlez par l'Inquisition sont peintes & representées. Ils sont presentement sans Inquisiteur général.

Il y avoit autrefois des maisons prés de cette Eglise où la Reine Mére est inhumée, qu'on a fait raser à cause de quelques Espagnols, qui s'y étoient cachez, à dessein de tuer le Roi, quand il iroit à la procession : mais heureusement pour Sa Majesté leur entreprise fut découverte.

Le Palais où demeurent ordinairement Don Pedro & la Reine est composé de quatre petits pavillons & de deux plate-for-

formes, où cette Princesse va sur le soir se promener & prendre l'air, avec ses Dames. C'est où le Régiment d'Armada fait garde incessamment. La Cour est médiocrement grande: l'Escalier assez large & beau, & les antichambres toûjours remplies de Gardes.

Ce Prince & cette Princesse donnent Audience publique tous les Mardis. Il est de taille assez grande, le visage maigre & bazané. Il porte la perruque depuis sa maladie. Il va peu accompagné, parce que les Portugais, non plus que les Espagnols, ne s'empressent pas de faire leur Cour; on dit pourtant qu'il est fort affable & fort civil.

La Reine est vétue à l'Espagnole avec le Garde-Infant, coéfée de ses cheveux pendans par derriére, entortillez & garnis de beaucoup de rubans: elle a une petite Princesse, qui paroit fort jolie, & dont la Gouvernante est la Comtesse d'Añon. Le Duc de Cardaval qui est son Mayordomo a coutume de la suivre. Il n'y a que deux Ducs en Portugal, celui-ci & le Duc d'Avéro. Tous ceux qui sont Comtes, ou Marquis sont Grands en ce Royaume; & se couvrent devant le Roi. Néanmoins peu de gens les traitent d'Excellence. A l'égard des Grands j'oubliois
de

de dire que ces deux Ducs se peuvent asseoir devant leurs Majestez. Ils ont un ordre de Chevaliers qu'ils appellent de *Santo Christo*, dont je ne sai pas les Priviléges. La Reine a un Nain qui est Indien & qui la suit toûjours. Il est si bien proportionné en tout son corps, qu'on le prend pour un enfant, à le voir par derriére, mais son visage fait bien connoître qu'il ne l'est pas, ayant belle barbe au menton. Il étoit à la feu Reine Mére, & passe pour avoir beaucoup d'esprit.

Les gens de qualité, qui ont eu quelque commandement dans l'Armée, ont sept ou huit soldats du Régiment d'Armada, pour leur Garde. Ce Régiment est de treize Compagnies. Le Roi en est le Capitaine, & Michel Carolus le Lieutenant. Il y a un autre Régiment nommé de Nuéro de dix-sept Compagnies de 50. hommes châcune.

Il y a quatre *Caméristes*, qui sont Gentils-hommes de la Chambre qui n'abandonnent point le Prince. Ils servent par Semaine & ont beaucoup de part dans les affaires & dans les bonnes graces du Roi, qui d'ailleurs est fort particulier & ne se laisse guére voir, que le matin, quand il passe pour aller chez la Reine. Il aime à monter à cheval & prend cet exercice l'aprésprésidinée dans le Manége de son Palais. Il a son Conseil d'Etat, celui de guerre & de finances. Lisbonne a une halle au blé qui est trés-belle. Elle a sept portes, qui font autant d'entrées. Le pavé est fort mauvais, il n'y a que vers le Port qu'elle est unie. La grande ruë des marchands est assez belle. On y fait bonne chére, & les confitures sur tout y sont merveilleuses. Le 18. Mai on y mangeoit des fraises, des cerises, & des abricots déja mûrs. Ce qu'il y a d'incommode, c'est qu'il n'y a ni neige, ni glace, c'est pourquoi on n'y boit pas si frais qu'en Espagne.

Leur Politique veut qu'il n'y ait que les Ecclésiastiques & les Médecins qui osent monter des Mules, pour obliger les autres d'avoir des chevaux, afin de s'en servir en cas de besoin.

A une lieüe de Lisbonne sur le bord de l'eau, il y a un Couvent nommé Belin, que le feu Roi Don Emanuel a fait bâtir. C'est où sont enterrez les Rois de Portugal. On peut y aller en bateau. La riviére en cét endroit n'a pas plus de demi lieüe de large, & d'espace en espace il y a des Fortins, qui deffendent l'entrée du Port. Un peu au de-là de ce Couvent est le Château de Belin, bâti au milieu de l'eau, & muni de quelques piéces de canon.

I   L'E-

L'Eglise de Belin est belle, enrichie par dehors d'une sculpture à l'antique & de quantité de Corniches. Au bout de cette Eglise, il y a un grand bâtiment, de la même Architecture, occupé par les Moines. A côté du grand Autel, on voit quatre tombeaux de jaspe & de marbre enclavez dans l'épaisseur du mur, soûtenus châcun par deux Eléphans, où sont des Rois & Reines de Portugal; vis-à-vis sont d'autres Tombeaux de leurs Infants, qui sont construits de la même maniére.

Leur Cloître est fort beau, & la voute en est aussi à l'antique. Il y a au dedans un Parterre d'eau & de trés-beaux Orangers. A moitié chemin de Lisbonne à Belin, on trouve Alcantara, qui est une petite maison de plaisance appartenant au Roi.

On voit encore à Lisbonne une Montagne, comme séparée de la ville, sur laquelle est situé un Château où l'on tient garnison. Le Marquis de Cascaye en est Gouverneur.

Aprés avoir visité à Lisbonne ce qu'on peut y voir de curieux, on en partit le 26. Mai, pour s'en retourner à Madrid, reprenant le même chemin jusques à Merida, petite ville sur la Riviére de Guadalquivir, qu'on passe sur un pont trés-long & trés-beau, & où l'on arriva à 3. heures du matin, pour y coucher.

Mérida.

Le

Le 31. Mai on laissa Mérida sur les six heures du soir, pour éviter les excessives chaleurs, qu'on souffre en ce païs-là, & aprés avoir marché quatre lieües on arriva dans un vilage nommé Mirandilla, & de là on alla coucher sur terre, comme-cy-devant, à un lieu nommé Almagary. *Miran-dilla. Alma-gary.*

Le premier Juin on fit six lieües, passant par une montagne, & le reste est un païs uni, dont quelques endroits étoient couverts de sauterelles & de gros lezards. Cela me fait souvenir que j'en ai vu en Espagne d'effroyable grosseur. Il y a des années, que les sauterelles désolent tous les biens qui sont sur la Terre, & lors que j'arrivai à Madrid, les Espagnols ne vouloient point manger de perdrix à cause qu'elles s'étoient nourries de sauterelles cette année là; mais nous, moins scrupuleux, en faisions faire de bons pâtez. Elles ne coûtoient que huit ou dix sols la paire. On arriva à Truguillo, qui est un Duché apartenant au Roi. La ville est petite, située dans les montagnes. Aprés s'être rafraîchis, on en partit le soir pour aller coucher à quatre lieües de là, à un village nommé Carravejo, où il falut reposer tout vétu, faute d'autres commoditez. *Tru-guillo. Carra-véjo.*

Le lendemain 2. aprés avoir marché par la montagne pleine de pierres & de rochers,

I 2 pen-

Almaras. dant quatre lieües, on arriva à Almaras. On y paſſa le Tage entre deux montagnes ſur deux arches qui ſont exceſſivement hautes. Le ſoir on fit ſix lieües de chemin fort uni planté de Chênes verds. On rencontre deux petits vilages, avant que d'être à *Calſade d'Oropeſa.* Calſade d'Oropeſa, & on y arriva à minuit & l'on s'y repoſa quelques heures.

Le 3. aprés avoir laiſſé Oropeſa, & la Cartéra ſur la droite, qui ſont deux gros vilages, on marche dans un chemin agréable, & dans un pays cultivé. Il paroît encore de côté & d'autre des bois de Chênes verds, & au bout de huit lieües on *Talavera la Reyna.* fut ſe rafraîchir à Talavera la Reyna, où l'on aprit que les grandes pluyes avoient abattu un pont, par l'acroiſſement des eaux, & qu'il y auroit du danger à continuer cette route.

Le 4. on avoit deſſein de partir de grand matin : mais le guide ne voulut ſe mettre en chemin qu'à dix heures. Il falut marcher encore par un chemin de montagnes où l'on trouve trois vilages. Le dernier s'appelle Real, où l'on s'arrêta pour voir une Comédie que les Payſans du lieu repréſentoient ce jour-là, enſuite de laquelle ils coururent à pié, la lance à la main, un trés-furieux Taureau qu'ils tuérent. Ce *Guygnera.* ſpectacle fini, on fut coucher à Guygnera, sur des pierres, ne pouvant faire autrement.

Le 5, qui étoit le jour de la Fête-Dieu, on marcha quatre lieuës par un pays de montagnes remplies de Pins & de Chênes verds au bout desquelles on rencontre S. Martin de Valdé y Glesias, vilage agréable & beau. Il y a un Couvent de Religieuses, avec lesquelles on causa quelques temps. San Martin de Valdé y Glesias.

Sur les 5. heures du soir, cette route fut continuée par des endroits montagneux, & l'on passa la Riviére d'Alversia sur un pont de pierre, ce qui obligea à faire un grand tour. On rencontra encore deux ou trois vilages, & l'on passa deux petites Riviéres où il y avoit assez d'eau, à cause des grandes pluyes qu'il avoit fait ; en sorte que sans l'assistance des guides, on n'auroit jamais sû se rendre à Parésa, où l'on soupa & coucha sous Parésa un arbre; on en partit à trois heures du matin, & l'on passa la Guadarama sur un pont de bois, & par Guadillamonte, qui est à trois lieuës de Madrid, où nos voyageurs arrivérent par le pont de Ségovie, & où nous fûmes bien aise de nous revoir & de nous entretenir.

Fin du Voyage de Portugal.

VOYAGE D'ALLEMAGNE en 1681.

EN l'année 1671. la Cour partant de Versailles au Printems alla à Dunquerque, aprés avoir passé trois jours à Chantilly, où elle fut regalée par feu Monseigneur le Prince, de tous les plaisirs, que la saison pouvoit donner. Il faudroit un long discours pour parler en détail de toutes les magnificences de cette fête. Il suffit de dire seulement que la dépense surpassa cinquante cinq mille écus, & tout le monde convint qu'il n'y avoit qu'une grandeur d'ame, comme celle de ce Grand Héros, qui osât en faire une semblable, excepté les têtes Couronnées.

Dans ce temps le Roi jetta les yeux sur Mon-

Monsieur D. G. pour l'envoyer négocier ses intérêts chez Messieurs les Princes de Brunsvich & Lunebourg, & se préparant pour ce voyage, il me dit qu'il avoit demandé à Monseigneur le Prince la permission de me mener avec lui. Il me donna charge d'aller voir Monsieur de Lyonne Secretaire d'Etat des affaires étrangéres, pour recevoir ses ordres. Mais je fus bien surpris quand ce Ministre me dit qu'ayant été instruit de ma fidelité, il faloit bien me garder de me laisser séduire pour déclarer les choses qui me seroient confiées, & que les affaires d'Etat demandoient un grand secret, & ne se gouvernoient pas comme les autres. Tout résolu & retenu que j'étois, cela ne laissa pas de me donner quelque émotion. Aprés cette remontrance, il me donna quelques papiers, pour en faire des copies, aprés quoi je me séparai de lui avec toute la civilité & toutes les marques de respect dont j'étois capable.

Ce soir là étant au coucher de Monseigneur le Prince qui avoit suivi sa Majesté à Dunquerque, & qui n'ignoroit pas tout ce manége, je le remerciai d'une pension qu'il m'avoit donnée, & il me dit en riant, ce n'est pas là tout ce que je veux faire pour vous, allez toûjours vôtre chemin.

Le Roi faisoit travailler à l'augmentation des fortifications de Dunquerque, & les troupes qu'il y avoit fait venir, pour aplanir quelques hauteurs n'y perdoient point de temps. Je m'allois souvent promener pour voir ces Travaux avec mes amis, lorsque j'apris que le projet d'envoyer Monsieur D. G. en Allemagne, étoit différé, & que sa Majesté avoit pris d'autres mesures, de sorte qu'au lieu d'aller en Allemagne, je revins à Paris, aprés avoir fait la campagne des Broüétes, c'est ainsi qu'on la nomma, à cause de la quantité qu'il y en avoit pour remuer les sables & les terres, & mon plus grand chagrin fut de n'avoir pu passer en Angleterre, pour voir Londres, dont je ne pus obtenir la permission.

L'an 1680. vers le mois de Novembre, Monsieur Colbert de Croissi Conseiller, & Secretaire d'Etat fit entendre à Monsieur D. G. de la part du Roi qu'il vouloit l'envoyer en Allemagne. Il me fit l'honneur de m'en parler & en même temps je me disposai à faire ce voyage avec lui. Mais une fiévre tierce le surprit à Chantilly, laquelle lui dura long-temps. Dans cét intervalle on crut ce voyage rompu. Mais sur la fin du mois de Février de l'année suivante 1681. sa
Ma-

Majesté jugea à propos pour son service de commander à Monsieur D. G. de partir incessamment avec pouvoir d'agir pour ses intérêts dans toutes les Cours des Princes Etrangers, chez lesquels il passeroit, suposé que l'occasion s'en presentât; de sorte qu'après avoir pris congé de S. A. S. Monseigneur le Prince mon bon Maître, & avoir eu l'honneur de lui baiser la main, je partis le premier de Mars de cette année 1681. dans le Carrosse de Monsieur D. G. avec un de Messieurs ses Neveux & un Secretaire, pour aller l'attendre en deçà de Peronne, & y joindre son équipage en état de le mener avec plus de diligence jusques sur la frontiére. Nous fumes seulement coucher à Louvre en Parisis distant de six lieuës de Paris. Louvre

Le lendemain, qui étoit un Dimanche, nous allâmes dîner à Senlis aux *Pots d'étain*, où nous trouvâmes de nos amis de Chantilly, lesquels s'y étoient rendus pour nous dire adieu, malgré le mauvais temps qu'il faisoit ce jour là. Aprés nous être séparez, nous remontâmes en carosse pour aller coucher à Pont Sainte Maixance, trois lieuës par de là Senlis, où les Hôteleries sont assez mauvaises. Senlis.

Pont Sainte Maixance.

Le Lundy 3. nous fûmes à quatre grandes lieuës de là dîner à un lieu nommé

I 5 Gour-

Gournay, où nous logeâmes à la Poste. On y séjourna jusqu'au 5. que Monsieur D. G. nous y joignit, & cependant les Relais s'avancerent pour gagner Pays avec plus de diligence.

Chau- — Monsieur D. G étant arrivé sur le midi, ne. on se dépêcha de dîner, pour aller coucher à Chaune. Nous trouvâmes à Roye les chevaux de Monsieur le Marquis de Larré, qui nous menérent jusques-là. On nous logea dans le Château, où nous fûmes reçus avec toutes les honnêtetez possibles, & dignes du Maître de cette maison, laquelle est belle & des mieux meublées. L'on nous y fit trés-bonne chére.

Fein. — Le lendemain 6. nous passâmes à Péronne, qui est à trois lieuës par de là. On changea de chevaux en cette ville, & nous fûmes dîner à Fein qui en est à trois lieuës & où est le Bureau de la Doüane. C'est un endroit misérable. De là nous passâmes par Mets en couture quatre lieuës en de-

Cam- çà de Cambrai, où nous allâmes coucher. bray. On y fut d'assez bonne heure. le Major de la ville obligea Monsieur D. G. de souper chez lui, où nous l'accompagnâmes, & où il y avoit assez bonne chére. Il s'y trouva même quelques femmes assez bien faites, ce qui fit que le reste de la soirée se passa, les uns au jeu, & les autres en conversations aisées, & agréables. Le

VOYAGE D'ALLEMAGNE. 203
Le 7. ne voulant pas aller plus loin que Valenciennes, qui est à sept lieuës au de-là de Cambray, nous eûmes tout le temps de nous y promener le matin avant que d'en partir, & de recevoir des visites de quelques Officiers de la Garnison. Cela ne nous empêcha pas d'arriver à Valenciennes sur l'heure du dîner. Nous fûmes loger au Mouton. On donna à Monsieur D. G. un appartement dans la maison que Monsieur l'Intendant Pelletier y occupoit, quand les affaires du Roi l'obligeoient à y séjourner. On nous y fit une très-bonne chere en Poisson, & Monsieur Pelletier y arriva sur le soir avec Monsieur l'Evêque de Tournay. Ils savoient qu'ils rencontreroient Monsieur D. G. de qui ils étoient amis depuis long-tems. Ils eurent toute la soirée de longues conversations, pendant que je me retirai à l'hôtelerie, où nous étions descendus.

Il ne faut pas s'attendre que je puisse beaucoup dire de particularitez de plusieurs endroits par lesquels j'ai passé, parce que je m'y suis peu arrêté; & de plus une infinité de Voyageurs ont écrit de toutes ces choses, qui n'avoient rien à faire, qu'à contenter leur curiosité. Je ne laisserai pas d'en parler quelquefois. L'hôtel de ville de Valenciennes mérite bien d'être vu : on prétend que l'Eglise Nôtre-Dame est de la fondation de Pépin.

Le 8. nous en partîmes de bon matin, & nous trouvâmes à trois lieuës en deça de Mons un Relais que Monsieur le Duc d'Arscot & d'Aremberg, Gouverneur de cette ville, avoit envoyé au-devant de nous avec son Capitaine des Gardes, quelques cavaliers, & un Trompette, lesquels avoient fait racommoder les chemins, qui étoient encore fort mauvais. De cette maniere nous arrivâmes à Mons, où Monsieur D. G. étoit attendu avec beaucoup d'impatience; car ce Seigneur étoit un de ses bons & anciens amis, qui mourut cinq ou six mois aprés nôtre Passage. On ne peut trop loüer le bon accueil, qu'il nous fit. Il ne nous manqua que du temps pour être plus satisfaits les uns des autres. Bien que le dessein fût de passer, sans s'arrêter, Monsieur D. G. ne put refuser le reste de la journée à leur sincére Amitié. Mons est une grande ville renommée par son commerce & ses fortifications, qui me parurent fort negligées, & la Garnison, comme tout le reste, faisoit voir l'indigence & la foiblesse des Espagnols, dont la grande générosité de nôtre Monarque n'a jamais voulu profiter. Le Roi auroit bien épargné de l'argent & de la peine s'il l'avoit

as-

assiégée en ce temps là. Sainte Waltrude Abbaye célébre pour les Chanoinesses, qui sont toutes de qualité, est trop connuë pour s'amuser à en parler.

Monsieur le Duc d'Arscot ne se contentant pas de toutes les honnêtetez qu'il avoit fait, commanda à son Capitaine des Gardes de nous accompagner le lendemain 9. avec un Trompette & quelques Cavaliers de sa Compagnie, autant qu'on le souhaitteroit. Ils vinrent avec nous jusqu'à moitié chemin de Bruxelles, qui est éloignée de Mons de dix lieuës. Nous rencontrâmes en cét endroit les chevaux du Comte d'Urse & Monsieur son fils monté avantageusement avec quelques Cavaliers. Il voulut avec empressement mener Monsieur D. G. loger dans son Palais ; mais il s'en excusa, & nous fûmes descendre à l'Impératrice la meilleure auberge de Bruxelles ; où l'on ne fut pas plutôt arrivé, que plusieurs gens de qualité s'y rendirent pour embrasser Monsieur D. G. qui avoit laissé en ce lieu beaucoup d'amis lorsqu'il fut obligé de s'y retirer.

Bruxelles.

Monsieur le Prince de Parme, alors Gouverneur des Pays-bas pour Sa Majesté Catholique, sachant son arrivée l'envoya complimenter par un de ses Gentils-hommes

& lui offrir un de ses carosses, pour le mener où il voudroit: mais Monsieur D. G. le remercia avec ses maniéres honnêtes, qui lui sont ordinaires, & lui répondit, qu'il auroit l'honneur d'aller saluer Son Excellence, ce qu'il fit quelque temps aprés. Il en fut reçû avec de grands témoignages d'estime & de joye, & il eut une heure de conversation avec lui. Aussi s'étoient-ils vûs plusieurs fois à Madrid, lors que nous y étions en 1670.

Le 10. nous séjournâmes à Bruxelles. Il y eut un grand dîner chez Monsieur le Comte d'Urse où se trouvérent beaucoup de gens de qualité, dont Monsieur D. G. en visita autant qu'il lui fut possible. Il y avoit ce jour-là une Fête à Nôtre-Dame du Lac, qui est à un bon quart de lieüe de Bruxelles, où j'allai me promener l'aprésdinée, aprés avoir fait quelques emplettes le matin; Il s'y trouva un trés-grand Cortége, & tout ce qu'il y avoit de beau monde dans la ville y étoit allé prendre l'air. Madame la Comtesse de Taxis & d'autres belles Dames se promenoient dans les allées du bois, qui sont fort agréables. On leur donna le divertissement d'une course de valets de pié Anglois, qui sont d'une grande légéreté. Il y en eut aussi une autre de Chevaux.

Nôtre Dame du Lac.

Bru-

Bruxelles, est une trés-belle ville capitale du Brabant où les Vicerois pour le Roi d'Espagne font leur demeure. Il y a de belles ruës, & de grandes places. La maison du Gouverneur s'appelle la Cour. C'est-là où l'on rend la justice. Les Conseils des Finances & de Guerre s'y tiennent, & la premiere fois que je la vis je crus être dans Paris. Sainte Gudule, qui est la principale Eglise est ornée de beaux Tableaux, & celle des Jésuites me parut trés-propre & trés-belle. Mais tant de voyageurs ont fait de si fideles relations de Bruxelles, que je ne m'étendray pas davantage sur ce sujet.

Le 11. aprés avoir mis ordre à quelques petites affaires, nous laissâmes Bruxelles, & l'on se servit de Barques, pour aller à Anvers. Monsieur le Marquis de Castanaga, qui depuis a été Gouverneur des Païs-Bas, vint conduire Monsieur D. G. jusqu'à la barque, & aprés avoir laissé Malines & Villevorde, nous arrivâmes dans cette fameuse ville, où nous logeâmes à l'Aigle d'or sur la grande Place de Mer, qui est la plus belle ruë, que j'aye vuë en quelque part que j'aye été. Mais elle me parut fort déchüe en comparaison de l'état où je l'avois vuë autrefois, aussi bien que Bruxelles, particulierement à l'égard

gard du peuple. Il est vrai que les maladies avoient enlevé beaucoup de monde les années précédentes, & il y en avoit déja plusieurs qu'Amsterdam & Lille avoient bien enlevé de son commerce, qui faisoit sa grande richesse. Bien qu'elle ait été brûlée & saccagée plusieurs fois, tant par les Protestans que particuliérement par les Espagnols, qui exercérent pendant 3. jours au delà de ce que l'imagination peut se figurer d'affreux & de cruel, on ne laisse pas d'y voir encore des beautez considerables. Les maisons sont belles & propres. L'Eglise Nôtre-Dame, qui est la Cathédrale est de plus de 500. piés de long. Sa largeur est de 240 & sa hauteur de 340. Elle contient 66. Chapelles ornées de colonnes de marbre & de quantité de tableaux des meilleurs maitres. Elle a une Tour excessivement haute, chargée de 33. grosses cloches, & 22. places publiques. L'Eglise des Jésuites est aussi fort magnifique. La plus plus grande partie en est pavée de marbre & les ouvrages du fameux Rubens y sont en quantité. Il y a plusieurs Canaux, par où les barques arrivent. Sa Citadelle est une des plus fortes de la Chrétienté. Je dirois encore beaucoup d'autres belles choses là-dessus ; mais les curieux peuvent avoir recours à Strada,

Gui-

Guichardin, Grotius, & plusieurs autres, qui en ont écrit amplement. Pour revenir à ce qui nous regarde, la Femme de Monsieur le Rhingrave Gouverneur de Maſtrict & Monsieur son Fils aîné visitérent Monsieur D. G. de même que beaucoup d'autres gens de qualité qui font leur demeure en cette ville. Nous soupâmes & dînâmes le lendemain chez le Sieur Don Rodrigue Gomesdia, qui est un des plus gros marchans Portugais de ce Pays-là. Il nous donna fort proprement à manger, & l'on ne peut pas mieux faire les honneurs de sa maison.

Le 12. nous montâmes en carosse, & fûmes coucher à quatre liëues d'Anvers, à un petit lieu apartenant aux Hollandois, nommé le Fort de Lillo. C'est où se paye la Doüane de ce qui passe pour aller en Hollande. Don Rodrigue nous y accompagna, & nous fut utile pour compter avec ces Maltotiers, & nous faire avoir ce qui nous étoit nécessaire pour nôtre embarquement. Nous trouvâmes là un Yacht fort propre, où nous montâmes le 13. du mois, pour aller à Rotterdam; Mais nous aperçumes bien tôt aprés qu'on n'est pas maître de la mer: car le vent nous étant devenu fort contraire, on fut obligé de demeurer deux jours à l'ancre

Fort de Lillo.

cre, dans un endroit qu'on nomme la Platte, où plusieurs petits bâtimens furent obligez de faire comme nous.

Le 16. la marée nous ayant donné de l'eau, & le vent s'étant rendu un peu favorable nous levâmes l'ancre; mais on n'eut pas fait deux lieües, qu'il s'éleva une si rude tempête, qu'on fut contraint d'arrêter à Villemstat, en deçà des Martigues; & comme on étoit obligé de changer à tout moment de Bordées, nos mariniers étoient si fatiguez qu'on prit le parti de coucher en ce lieu.

Villemstat

Le 17. nous remontâmes dans nôtre Yacht, & passames à la vuë de Dordrect qui me parut une grande & belle ville. Aussi est-elle capitale & fort ancienne. Continuant nôtre route jusqu'à Rotterdam, nous y arrivâmes sur les quatre heures du soir. En passant par la place je remarquai la statuë en bronze du fameux Erasme, qui étoit né dans cette ville, & duquel cette place a reçu le nom. La ville est fort peuplée & marchande, & il y aborde de grands vaisseaux, pendant le flux qui les porte dans son port, & même dans ses canaux. Nous nous y reposâmes quelque temps, pendant qu'on alla nous chercher une barque pour nous mener à la Haye. Dans le même tems Monsieur D. G. y envoya un laquais

Dordrect.

Rotterdam.

VOYAGE D'ALLEMAGNE. 211
quais par terre, afin de trouver des Carosses à son débarquement. Je ne dirai rien de la commodité de ces barques, parce que peu de personnes l'ignorent. Nous passâmes à Delft, où je mis pié à terre pour Delft. voir la ville; laquelle est à mon gré une des plus jolies de la Hollande. Elle a une trés belle place. L'Hôtel de ville est un beau bâtiment de même que la maison des Sabourgs. Cette ville fait un grand trafic de draps, & de Porcelaine. Le tombeau de l'Amiral Tromp, qui est de marbre avec de belles inscriptions est dans l'une de ses principales Eglises. On me dit que celui de Guillaume de Nassau qui fut tué par un Francomtois dans ce même lieu étoit dans une autre, mais je ne pus avoir le loisir de l'aller voir.

Nous arrivâmes à la Haye qu'il étoit La Ha-
nuit, & Monsieur le Comte d'Avaux, ye.
qui étoit alors Ambassadeur Extraordinaire de France, envoya de ses Gentils-hommes dans ses carosses au devant de nous. Il ne voulut pas soufrir que Monsieur D. G. logeât ailleurs que chez lui, & il nous envoya chercher où nous étions logez, voulant absolument nous faire manger à sa table.

Le lendemain il nous donna la Comédie, & Monsieur le Prince d'Orange revint en ce temps de la chasse, où il s'é-
toit

toit diverti depuis cinq ou six jours. Monsieur D. G. ne manqua pas de l'aller voir, & ils eurent ensemble une assez longue conversation. Il dîna dans ce peu de séjour avec Son Altesse chez Monsieur d'Odick, qui avoit lié amitié avec Monsieur D. G. lors qu'il étoit à Paris. On l'engagea encore pour le jour suivant à dîner, où Monsieur le Prince d'Orange se trouva avec les Principaux du Pays. Le repas fut magnifique, & l'aprésdînée se passa au jeu, où Monsieur D. G. gagna environ cent pistoles. Pendant tout ce temps nous fûmes occupez à faire des provisions de plusieurs choses pour le séjour que nous devions faire à Humeling, qui étoit un rendés-vous de chasse, qu'on devoit faire à quelque temps de là, où Monsieur le Prince d'Orange avoit convié plusieurs Princes d'Allemagne, non pas tant pour ce divertissement, que pour autre chose.

<small>Humeling.</small>

Aprés m'être bien promené dans la Haye, qui me parût un séjour fort agréable, on me mena à un demi quart de lieüe de là, voir une * maison qui est dans un bois, où il y a de belles peintures, qui représentent plusieurs histoires concernant l'illustre maison de Nassau. A mon retour, je pris les devants, pour aller à Leiden, rendre visite à un de mes parens, qui est le premier

<small>* La Maison de la Princesse d'Orange.</small>

VOYAGE D'ALLEMAGNE 213
premier Profeſſeur en Medecine de cette
Univerſité, & qui fut fort aiſe de me bien
regaler, & de me faire voir ce qu'il y
avoit de curieux dans leur Jardin des plan- Leyden
tes, & dans leur Ecole; C'eſt une Univerſité qui a une trés-belle Bibliothéque
pleine de beaucoup de Volumes & de ma-
nuſcrits rares & anciens. Je fus obligé
d'être avec lui juſqu'à neuf heures du
ſoir, après quoi je m'embarquai pour
Amſterdam, où je me trouvai à portes
ouvrantes le lendemain matin. Je fus loger à la Place Royale, prés de la grande
place. En attendant Monſieur D. G. qui
m'avoit donné rendés-vous en ce lieu, je
m'occupai à voir cette grande ville, que
quelques uns ont bien voulu nommer un Amſ-
miracle du monde. Il eſt vrai que c'eſt un terdam.
Repertoire de toutes les Nations, où l'on
trouve en certains endroits une ſi grande
quantité de monde, qu'on a de la peine à
paſſer. Comme il n'eſt pas permis d'y aller en caroſſe, je louai un traineau, & je
fus rendre viſite au Conſul de nôtre Nation qui me reçut avec beaucoup d'honnêteté. J'allai chez pluſieurs Marchands voir
des bijoux des Indes & des Etoffes de ce
pays-là, que je trouvai auſſi chéres qu'à
Paris, c'eſt pourquoi je les négligeai. Tous
ces gens me parurent extrémément attachez

chez à leurs intérêts, & leurs maisons plus belles par déhors qu'elles ne sont commodes & logeables. Amsterdam n'est pas ancienne. Il n'y a pas plus de deux cens ans qu'elle a commencé d'être en reputation. Il y a quantité de canaux & de ponts pour les traverser, qui sont bien bâtis, des Quais somptueux, & d'autres Edifices dont la Maison de ville surpasse les autres ; l'entrée en est remarquable, y ayant sept petites portes par lesquelles on y entre, & qu'on dit avoir été faites pour représenter les sept Provinces. Il y a trois figures de bronze sur le frontispice qui représentent la Justice, la Force, & l'Abondance. On y voit aussi des Reliefs de marbre, où est une femme qui soutient les Armes de la ville avec un Neptune, des Lions & des Licornes & quelques figures de Héros. Il y a aussi une belle Tour en forme de Dome, où est un Carillon & une belle Horloge. La Bourse est encore un lieu fort remarquable, où se trouvent des Marchands de toutes les parties du monde. Enfin Amsterdam à mes yeux est un véritable cahos propre pour des Marchands ; & je puis dire que je m'y ennuyai dans le peu de temps que j'y demeurai. Monsieur D. G. y arriva le 20. & n'y séjourna que pour dîner,

après

aprés quoi nous en partîmes pour Narden, où nous fûmes coucher.

C'est le lieu où l'on loüe les chariots de Poste pour l'Allemagne; de sorte que toute la soirée se passa à faire marché pour des chevaux, tant pour nôtre carosse, que pour monter les gens, & voiturer nos hardes. Cela ne donna pas moins de peine, que si c'eut été quelque chose de plus considérable; car ces gens-là n'entendent aucune raison qu'avec beaucoup d'argent.

Le 21. aprés avoir laissé Narden, qui est une petite ville qui a été brûlée & ruinée à diverses fois, & qui est à trois lieües d'Amsterdam & autant d'Utrecht, nous allâmes dîner à Forthuisen, qui est à 7. heures par delà, car c'est ainsi qu'on compte le chemin en ces pays là, comme on parle de milles en Italie & de lieües en France. Bien que l'on fût convenu, qu'on nous fourniroit de six en six lieües des chevaux frais, cela n'arriva pas pourtant. C'est pourquoi on ne peut trop prendre de précautions dans ces rencontres.

Narden.

Forthuysen

L'aprésdinée la nuit nous prit aprés avoir fait quatre heures de chemin, ce qui nous obligea de demeurer à Hoog Souren. C'est une maison de chasse appartenant au Prince d'Orange, située au milieu d'un bois, accompagnée de quelques méchantes chaumieres

Hoog Souren.

miéres où nous couchâmes sur la paille; encore fûmes nous bienheureux que les Veneurs de ce Prince nous cédérent leurs places par civilité; car ils étoient là pour y courre le Cerf le lendemain.

Déventer. Le 22. nous en décampâmes de grand matin, & aprés avoir marché quatre heures, nous arrivâmes à Déventer Capitale de l'Over-Yssel & située sur les bords de la Riviére, qu'on appelle Yssel. Cette ville est assez belle, revêtue de bonnes murailles, de bons remparts, & de fossez toûjours pleins d'eau. Les Etats y tiennent bonne garnison, & l'on paye en cét endroit des péages. Le Maître de la Poste nous fit bien attendre pour fournir les chevaux qu'il devoit nous fournir, mais enfin nous en partîmes, aprés y avoir dîné,

Delden & nous fûmes coucher à Delden, qui en est éloignée de huit heures. C'est une petite ville fort sale, qui se sent déja de la Vestphalie. Cette journée fut grande, car douze heures de chemin de ce pays, qui est fort mauvais, valent 17 à 18. lieuës de France.

Le 23. nous entrâmes en Vestphalie, & nous marchâmes sept heures cette matinée-là, pour arriver à Benthém. C'est

Benthem. une petite ville située sur une Eminence. Il y a un Château assez escarpé, où le Comte te de ce nom tient une garnison. Nous ne voulûmes pas loger dans la ville, pour éviter les complimens, qu'on auroit été obligé de lui faire. Nous dînâmes dans une hôtellerie qu'on trouve en arrivant à une portée de mousquet de Benthem. L'hôte & l'hôtesse étoient François; mais ils ne laissèrent pas de bien pincer nôtre bourse. Il est vrai qu'on y fut plus proprement qu'ailleurs, & comme je m'étonnois de leur cherté, l'hôtesse me dit qu'il falloit bien se recompenser des dommages, que ce pays-là avoit soufferts de la part de nôtre Nation.

L'aprésdinée nous eûmes quatre heures de chemin à faire, pour aller coucher à une autre petite ville nommée Beverinhguen. C'est un lieu fort malpropre; car les maisons de cette province sont généralement construites d'une manière que les chevaux, les vaches, les pourceaux, & autres animaux domestiques sont avec les hommes & le reste du ménage. Toutes ces demeures sont fort enfumées. On ne sait ce que c'est que de couverture sur les lits, & ces gens-là couchent entre deux lits de plumes sans matelats : c'est pourquoi nous en emportâmes de la Haye, avec des paillasses, que nous faisions remplir de paille fraîche tous les soirs, ce qui nous fut d'un grand secours.

Beveringuen

K Le

Telem-bourg. Le 24. nous dînâmes à un village nommé Telembourg, à quatre heures d'où nous étions partis le matin, & qui n'étoit pas plus propre que ces autres lieux que nous venions de passer.

Nous marchâmes six heures l'aprésdinée, & aprés avoir traversé des bois & de grandes campagnes, nous arrivâmes à Osnabruck.

Osnabruck. C'est une ville Episcopale de la Vestphalie, située dans un fort bon terroir, qui me parut bien cultivé. Nous y trouvâmes beaucoup d'honnêtes gens, qui avoient ordre de nous faire les honneurs de cette ville, laquelle est une des plus considérables de cette Province. Cét Evêché est d'un grand revenu, il y a des Abbayes Luthériennes qui rapportent 18. à 20. mille livres de Rente, qui en sont dépendantes. Monsieur le Duc d'Hanover, avant la mort de Monsieur Jean Frederic son Frére y faisoit sa résidence, & y avoit fait bâtir considérablement. Les Habitans y sont en partie Catholiques & en partie Luthériens, & ces deux Réligions occupent tour-à-tour le siége Episcopal. Lorsque Monsieur le Duc d'Hanover, qui le posséde présentement & qui professe le Lutheranisme sera mort, un Catholique Romain en sera pourvu. Ces Messieurs s'accordent

assez

assez bien entr'eux, malgré la différence de leurs Réligions.

Monsieur Bouchen Tréforier du Duc d'Hanover nous donna six chevaux de carosse, pour nous servir le lendemain 25. que nous allâmes coucher à un Bailliage nommé Vitelague, éloigné d'Osnabruck d'environ quatre heures de chemin. C'est un petit Château, dont le Fermier avoit ordre de nous bien recevoir, & qui ne fit pas de cérémonie, pour prendre de l'argent. Je ne fai si c'est lui ou quelcun de ses valets, qui me vola ma Valise, que j'aurois rachetée de bon cœur de quatre-vingt loüis d'or : mais quelque perquisition qu'on put faire, elle a été perdue, parce qu'on ne s'en aperçut qu'à la dînée du lendemain. Il faut entendre par ce mot de Bailliage une terre qui vaut à son Seigneur quelquefois un fort gros revenu.

Vitelague.

Le 26. nous marchâmes huit grandes heures par de très mauvais chemins, pour aller dîner à Minden, dont la biére passe pour la meilleure du Pays. Cette ville est Hanséatique avec Principauté & Evêché. Elle appartient depuis la Paix de Munster à l'Electeur de Brandebourg. Elle est située sur le Weser. Charlemagne y fonda le siège Episcopal, vers l'an 780. Elle est petite, & assez bien fortifiée.

Minden.

K 2 Lors-

Lorsque Monsieur le Maréchal de Créquy fut commandé par le Roi, pour aller faire la guerre à ce Prince, il campa à Ill, qui en est à une lieuë, ce qui donna de grandes allarmes à cette ville de même qu'à tous les lieux circonvoisins. Cette journée fut grande ; car nous marchâmes encore six grandes heures l'aprésdinée : mais il est vrai, que nous trouvâmes à Minden des chevaux frais, que le Baron de Platen, dont je parlerai ci après nous y avoit envoyez, & nous couchâmes à Locon Abbaye Luthérienne, qui vaut 15. à seize mille livres de revenu. Les hôtelleries ne sont pas des meilleures.

<u>Locon.</u>

Le 27. nous partîmes de Locon assez tard, pour n'arriver qu'aprés le dîner à Hanover, qui n'en est éloigné que de sept heures. Dés que Monsieur D. G. fut descendu de son carrosse, il fut saluër la Princesse, Monsieur son mary n'étant pas encore arrivé de Venise, où il étoit allé passer le Carnaval. Nous allâmes cependant prendre possession d'un logis, qu'on nous avoit préparé.

Le lendemain 28. cette bonne & vertueuse Princesse nous fit faire un trés-bon dîner, & Monsieur D. G. mangea toûjours avec Son Altesse, & Messieurs ses enfans, qui sont au nombre de six Garçons

çons, tous beaux & bien faits, avec la Princesse Sophie leur sœur aussi agréable que belle, qui est présentement Electrice de Brandebourg. Cette journée se passa en visites, & à faire beaucoup de lettres pour Paris.

Le Samedi 29. nous allâmes coucher à Cell, jusques où l'on compte dix heures de chemin. Le Marquis d'Arcy Envoyé extraordinaire du Roi en cette Cour vint au devant de nous, & prit Monsieur D. G. dans son carrosse. Il étoit nuit quand nous arrivâmes à Cell, & après être descendus chez ce Marquis, qui est d'une probité & d'un mérite distingué, Monsieur D. G. & lui montérent au Château pour saluer Monsieur le Duc de Cell Frère aîné de Monsieur le Duc d'Hanover, & Prince de la maison de Lunebourg. Ce Prince embrassa Monsieur D. G. avec une joye toute extraordinaire, ne voulant pas souffrir qu'il logeât ailleurs que chez lui. Il ne le traita pas comme un Envoyé extraordinaire de sa Majesté trés-Chrétienne; mais comme son ami particulier. Aussi avoient-ils fait amitié à Bruxelles il y avoit long-temps, & M. D. G. s'étoit retiré chez ces Princes, lorsqu'il étoit en Flandres, & que la France eut déclaré la guerre aux Espagnols, pour n'être pas chez les ennemis

K 3   de

de son souverain. Dés ce temps le Roi lui fit l'honneur de lui confier ses intérêts, pour négocier avec eux suivant les ordres qu'il en reçut par feu Monsieur de Lyonne Secretaire d'Etat.

Nous soupâmes ce soir-là avec les Secretaires de Monsieur le Marquis d'Arcy, qui avoient ordre de nous bien régaler, pendant que ces Messieurs mangeoient avec le Duc & la Duchesse de Cell, lesquels ont pour tous enfans une jeune & belle Princesse élevée comme le doit être une personne de son rang, & mariée depuis avec le fils du Duc de Hanover.

Il faut que j'avoüe, que je ne croyois pas être dans la basse Allemagne quand je rencontrai dans cette Cour tant d'Officiers François. Le Prince & la Princesse sont honnêtes en toutes leurs maniéres, & l'on ne peut rien ajouter à leur bonté, leur générosité, & leur équité. Leur Cour est la retraite des malheureux, & la Consolation des affligez. Cell est une petite ville fort agréable Capitale du Duché de Lunebourg dans la Basse Saxe, située dans une plaine sur le fleuve Aller, à 6. lieuës de Brunswic, & à 5. de Neustat. Le Château est sur une hauteur. Il est fort logeable & bien fortifié; muni de belle artillerie. Ses apartemens ne sont pas fort

reguliers

reguliers, parce que plusieurs architectes y ont travaillé, & particuliérement plusieurs Italiens, plus attachez à leur intérêt, qu'à la gloire de ceux qui les employent & à ce qu'ils leur doivent. Il faut pourtant dire que les offices sont d'une si grande propreté & si bien entendues qu'elles sont dignes d'être vuës.

Le Duc de Cell tient une trés-bonne table. Il a sa musique, ses violons & une troupe de bons Comédiens. Il a toutes sortes d'équipages pour la chasse; une trésbelle écurie, & des Haras dont il tire de fort beaux chevaux. Il a plusieurs maisons de plaisance, de bonnes troupes de Cavalerie & Infanterie qu'il entretient en temps de paix, comme en temps de guerre, & il est constant qu'il n'y a rien de mieux entretenu.

Le premier d'Avril mardy matin nous reprimes le chemin d'Hanover. Le Duc de Cell sachant que le Duc d'Hanover étoit revenu de Venise voulut l'aller voir, & mit Monsieur D. G. dans son carrosse avec Monsieur le Marquis d'Arcy. Lorsque ces Messieurs furent arrivez, Monsieur le Duc d'Hanover ne voulut jamais permettre que Monsieur D. G. logât ailleurs, que dans son Palais; & à l'égard de sa Famille & de son Train, on les logea au

Sauvage dans la ville neuve.

Le 2. se passa à faire beaucoup de visites; Monsieur D. G. fut voir Messieurs le Baron de Platen & Grot, & nous fûmes sur le soir à la Comédie, & dés que nous en fûmes sortis, le Duc de Hanover se trouva mal.

Le 3. aprés avoir consulté sa maladie, ses Médecins proposérent de lui faire prendre les bains chauds de Wisbaden, qui sont entre les villes de Mayence & de Francfort. Cet événement ne déplut pas à Monsieur D. G. qui sachant profiter des occasions, appuya ce sentiment, qui lui convenoit pour sa négociation.

Le jour suivant, Monsieur le Duc d'Hanover venant à se porter mieux, on parla de le regaler d'un Ballet, que Messieurs ses enfans avoient fait faire en son absence, & le Samedi suivant nous retournâmes à Cell, Monsieur D. G. ayant promis à ce Prince qu'il iroit prendre congé de S. A. avant qu'il partît pour aller à un Rendévous de chasse, qui s'étoit fait avec le Prince d'Orange, sur les confins des terres de Munster, à un lieu qu'on nomme Humeling, & dont j'ai déja parlé.

Tout le temps que nous demeurâmes à Cell, qui fut jusques au mecredi suivant

vant, on n'oublia rien pour nous bien divertir : on se promena, on joüa, on fut à la Comédie, on fit bonne chére, & l'on joüit de tout ce que la saison offroit de plaisirs. Monsieur D. G. mangea toûjours avec Monsieur & Madame la Duchesse de Cell, & l'on me fit l'honneur de me mettre à la Table du Grand Maréchal excepté une fois que Monsieur le Marquis d'Arcy traitta Monsieur D. G. aussi proprement qu'on auroit pû faire à Paris.

La Conversation roula sur plusieurs choses, & particuliérement sur cette grande partie de chasse du Prince d'Orange. Monsieur le Duc de Cell étant fort fâché que l'indisposition de Monsieur le Duc d'Hanover son frére l'empêcha d'y aller, & pour y avoir aussi Monsieur D. G. qui, sans doute, y auroit été, comme il l'avoit promis en passant par la Haye. Aussi avoit-on pris toutes les mesures pour cela, & laissé des gens pour se pourvoir des choses nécessaires pour nos commoditez, & tenir une Table honnête : car Monsieur D. G. s'étoit bien promis d'y soutenir l'honneur de sa Nation & la gloire de son Maître.

Le jour du départ étant venu, aprés avoir vu partir Monsieur le Duc de Cell avec toute sa Cour, qui formoit un assez gros & bel équipage, nous dînâmes avec le bon homme Monsieur de Vicquefort, que ses Ouvragess, ont assez fait connoître. Mesdemoiselles ses filles pleines d'esprit, le Vicegrand Maréchal & quelques autres personnes de qualité étoient de ce repas. Je fus fort aise de revoir Monsieur de Vicquefort que j'avois connu à Paris, lorsqu'il étoit Résident de Monsieur l'Electeur de Brandebourg.

<small>Hanover.</small> On n'eut pas si-tôt dîné, que nous remontâmes en Carosse, pour retourner à Hanover, qui est une assez grande ville, où nous arrivâmes sur le soir. Elle est sur la Lein dans les Etats de Brunswick, & elle augmente tous les jours par les Bâtimens, que le Prince y fait faire, aussi bien que les particuliers.

Nous trouvâmes le Prince beaucoup mieux, que nous ne l'avions laissé: mais comme ses indispositions venoient d'un embarras des intestins, & de quelques obstructions, qui lui causoient de fréquentes coliques, on insista toûjours sur le voyage de Wisbaden, qui fut resolu pour le 23. du mois.

Le lendemain de nôtre retour de Cell, on représenta pour la première fois le Ballet dont nous avons parlé qui étoit assez
jo-

joli. Il faut savoir que les Gens de qualité en Allemagne ne se communiquent pas avec les artisans, comme on fait en certains endroits, en de semblables occasions, & qu'ils ne veulent danser qu'avec des personnes de leur rang, ce qui fait qu'on n'y excelle pas à la Danse, comme en France. Excepté le Maître à Danser des Princes qui avoit composé ce Ballet, c'étoit tous Gentilshommes qui dansoient avec ces jeunes Princes & la jeune Princesse, qui par sa grace & ses manieres se faisoit distinguer de toutes les Demoiselles qui l'accompagnoient, bien qu'elles fussent aimables & bien faites.

Ce Ballet fut représenté plusieurs fois pendant le séjour que nous fîmes à Hanover. La Cour de ce Prince est plus grosse, que celle de Monsieur son Frere le Duc de Cell. Aussi a t-il joint cét Etat, qu'il a hérité de feu Monsieur son autre Frere Jean Frédéric Prince de Brunswick & de Lnnebourg, qui avoit épousé Henriette Palatine fille de la Princesse du même nom & sœur de la Duchesse d'Enguien & de la Princesse de Salme, à l'Evêché d'Osnabruck d'un trés-grand revenu, dont il est possesseur, de sorte qu'il a tout ce que ces autres grands Princes d'Allemagne peuvent avoir. Il a de bonnes troupes & est servi en toutes maniéres magnifiquement. Il a des mines d'or & d'argent qui lui raportent considérablement; plusieurs maisons de campagne servent à son divertissement, & son Equipage est des mieux choisis. Il fait profession du Luthéranisme, ainsi que le Duc de Cell. Madame sa femme sœur de l'Electeur Palatin & petite fille du Roi de Hongrie est Calviniste, aussi bien que Madame la Duchesse de Cell. Cette Princesse est d'une éminente vertu, d'un esprit aisé & d'un mérite infini, & qui se distingue autant par ses rares qualitez, que par sa haute naissance. Rien ne l'embarrasse. Ce ne sont que complaisances honnêtes & agréables pour Monsieur son Epoux. Aussi voit-on répandre sur cette illustre Famille des bénédictions toutes celestes. Je n'en puis trop dire par ce qui m'en a paru, mais je ne me sens pas assez d'éloquence pour pouvoir dire dignement tout ce qui en est.

Le temps depuis le 2. Avril jusqu'au 23. nous fut bien agréable, parce qu'il passe doucement lorsque plusieurs plaisirs & quelques occupations le partagent. Nous fûmes plusieurs fois à la chasse, à la comédie, voir quelques maisons du Prince, qui sont peu éloignées de la ville, de sorte que nous vîmes arriver insensiblement l'heure de nôtre départ. Le

Le 23. Avril Monsieur le Duc d'Hanover, Madame la Duchesse, & la Princesse Sophie leur fille prirent avec leur suite la route de Cassel. Il y avoit 7. ou huit Carosses, trente Gardes à cheval bien montez, beaucoup de chariots & d'équipage, avec d'autres Officiers à cheval. Tout cela ensemble ne faisoit qu'un trop gros train pour nous. On coucha ce jour-là à trois milles d'Hanover dans un gros Château nommé Calenberg, apartenant au Duc, lequel est fort grand & fortifié. Aussi y tient-il garnison. C'est un Bailliage, qui vaut dix-huit mille écus de revenu. Le Maréchal des Logis nous y marqua un apartement; mais comme on ne trouve pas des lits partout, nous avions fait provision de Paillasses & de Couvertures, autrement nous aurions beaucoup plus souffert. Pour Monsieur D. G. il s'étoit pourvû de tout ce qui étoit nécessaire pour voyager à son aise.

Calenberg.

Le lendemain 24. nous passâmes par un trés-bon Pays & fîmes 3. milles cette matinée, pour nous arrêter à un mêchant village, où l'on disna. Il est par de là Halfelt, petite ville que nous laissâmes à nôtre gauche. Tout ce pays est bien cultivé & l'on y voit de toutes parts beaucoup de petits Châteaux & vilages.

L'a-

L'aprésdinée nous passâmes une montagne au sommet de laquelle est une Tour où il y a un Cabaret à biére, qui nous fit plaisir; car il faisoit si chaud cette journée-là, que nous étions tous fort incommodés de la soif. A la descente de cette montagne nous entrâmes dans une plaine où est la petite ville d'Heimbécke, qui est revétue de quelque ouvrage de terre & de fossez pleins d'eau. Le Duc d'Hanover y tient garnison, mais il ne voulut pas y entrer, & nous allâmes coucher à Rotdkirken, où il y a quelques maisons. C'est un Bailliage qui lui appartient, où passe un trés-gros Ruisseau, & bien que l'on compte seulement deux milles du lieu où nous avions dîné jusques-là, il étoit nuit quand nous y arrivâmes. Il est situé au pié d'une montagne, sur laquelle on voit un vieux Château tout ruiné, qui faisoit autrefois la demeure des Cadets de la Maison de Brunswick, & à main gauche d'Heimbecke on voit encore une grande maison blanche, comme une espéce de Château, où l'on fait du Sel.

Le 25. nous marchâmes toûjours entre deux montagnes & par des bois, quelquefois dans un pays assez serré. On y voit à droite & à gauche plusieurs vilages & hameaux. Dans les fonds, les terres sont

Rotdkirken Bailliage.

VOYAGE D'ALLEMAGNE. 231

sont bonnes & bien cultivées. Nous passâmes par un bourg fermé nommé Beaurin, & laissâmes sur la gauche la ville d'Ostrove, qui est assez grande, & fortifiée, & où l'on tient garnison, dont Monsieur Grot est Gouverneur. Il y a prés de là des mines d'argent. Le lieu se nomme Klausthal. Elles valent sept à huit mille écus de revenu à ce Prince. Il faut descendre quarante échelles de quarante échellons pour aller dans ces mines. Plusieurs particuliers ont fait bâtir aux environs des maisons assez propres, & y acheptent des veines de terre au hazard; car elles ne raportent pas également. Feu le Prince Jean Fréderic en donna une petite portion à un de ses Gentils-hommes dont on ne lui offroit que dix écus, & l'année suivante il en eut mille.

Cette matinée nous fîmes trois milles qui furent fort longs & pénibles. Il nous en coûta un trés-beau Cheval de Carosse. On dîna à un Bailliage nommé Hast. Je croi avoir déja dit, que ces Bailliages sont de grosses Fermes bien bâties, & d'un trés-grand revenu. On me dit que celui où nous avions couché le jour précédent avoit valu à son fermier plus de soixante mille écus en quatre années.

Aprés avoir dîné nous marchâmes encore

core trois milles par un mauvais chemin, & aprés avoir passé deux ou trois vilages, nous montâmes un côteau, qui conduit à un grand bois, où nous descendimes une assez rude montagne, qui dura plus d'une lieüe de France. Nous rencontrâmes ensuite un trés-beau valon, d'où l'on découvre, comme une Ovale faite exprés, dans laquelle sont quelques maisons qui forment un des plus beaux endroits qu'on puisse voir. Nous y trouvâmes de bonne Cavalerie, qui étoit venue au devant du Duc d'Hanover, de la garnison de Menden, ville sur le Weser, laquelle est assez grande & peuplée, & qui apartient au Duc. Nous logeâmes tous dans le Château, qui est trés-bien situé & couvert d'ardoise. C'est une Galerie à Balustre qui fait le Pourtour de la Cour, & par laquelle on entre dans les appartemens. Ils sont un peu négligez, & il paroit que le Duc Jean Fréderic en avoit eû peu de soin, peut-être à cause qu'il n'avoit point d'Enfans mâles. On voit encore toutes ses murailles teintes du sang de ses anciens habitans, qui avoient tenu quelque temps contre l'armée de l'Empereur, & qui furent tous égorgez sans distinction de vieillards & de petits enfans à la mammelle, dont on compta quatre mille, qui furent jettez dans la

Menden sur le Weser Fleuve qui prend sa source de la Franconie.

la Riviére. Comme elle porte bateau, ce lieu est fort marchand. Nous y trouvâmes des vins du Nécre & de Baccarach des meilleurs qu'on puisse boire en Allemagne.

Le 26. nous partîmes de grand matin de Menden, pour aller dîner à Cassel. On passe pour y aller, une montagne & un bois qui dure plus d'une lieue, & comme ce chemin est assez mauvais pour les carosses, nous n'arrivâmes qu'à onze heures, bien qu'il n'y eût que deux heures de chemin.

Les Etats de Monsieur le Duc d'Hanover s'étendent de ce côté-là assez prés de la ville de Cassel, qui est capitale du Landgraviat de Hesse. Elle est grande, marchande, & bien fortifiée de même que sa citadelle. Les apartemens & les Jardins où le Landgrave fait sa demeure sont beaux. Cassel est de la Franconie, située sur la Riviére de Fulde. La mémoire de la Mére de ce Prince y est en grande vénération, pour avoir gouverné long-temps ses Etats avec une très-grande prudence, ayant toûjours entretenu sept-mille hommes, qui faisoient les meilleures troupes d'Allemagne, & qui prenoient toûjours de bons quartiers d'hyver chez leurs voisins. Monsieur le Comte de Lippe Gouverneur, fut au devant de Monsieur le Duc d'Hanover lui faire com-

Cassel

compliment de la part de son maître, & le prier de s'y arrêter; mais il s'en excusa, ayant remis la partie à son retour, & passa *incognito*.

Le Comte de Lippe donna à dîner à plusieurs Officiers de ce Prince & de cette Princesse. Monsieur D. G. qui avoit fait prendre le devant à ses gens, y regala Monsieur le Baron & Madame la Baronne de Platen, qui étoient de ce voyage. Monsieur le Comte de Valdeck qui avoit rendu visite à Monsieur le Duc d'Hanover à Menden prit congé de lui à Cassel, prenant une autre route pour aller chez lui.

L'aprésdînée de ce jour nous marchâmes dans le Pays de Hesse, lequel me parut plus ouvert, & les terres meilleures, que celui que nous venions de passer. Nous traversâmes un bourg nommé Liechtenau, & quelques vilages, pour venir coucher à Fritzeler, petite ville appartenant à l'Evêque de Mayence; où les habitans sont tous Catholiques Romains, comme à Cassel ils sont tous Calvinistes. On compte trois milles de Cassel à Fritzeler, & nous demeurâmes cinq grandes heures à les faire; mais nous fûmes assez bien logez en ce lieu-là, car on ne trouve pas en ce pays toutes les commoditez nécessaires aux voyageurs, & particuliérement

Fritzeler.

pour

pour un train de la conséquence du nôtre.

Le 27. nous continuâmes nôtre chemin entre des montagnes, passant quelques bois, & aprés avoir fait trois milles, nous arrivâmes à une petite ville nommée Dreise, qui appartient au Landgrave de Hesse & où l'on dîna. Elle est située sur une éminence, & dans un trés-bel aspect. Tout le Pays d'entre ces montagnes est trés-fertile en grains. Ce sont de bonnes terres labourables.

Dreise.

Nous partîmes de Dreise sur les quatre heures aprés midi, car il faisoit un si grand chaud cette année-là qu'on avoit peine à le suporter. Nous passâmes un pays à peu prés comme celui du matin, excepté qu'il est plus peuplé, & les plaines entre les montagnes plus étendues, laissant à droite & à gauche plusieurs vilages & petites villes, comme Ziegenheim, Wildungen & autres, pour venir coucher à Kirckeim qui est une petite ville située au bas de la montagne, laquelle est fort sale, & où finit le Landgraviat de ce côté-là.

Cette ville est habitée par beaucoup de Juifs: nous y fumes aussi fort mal logez. Monsieur le Duc d'Hanover y fut regalé par un Gentilhomme du pays, avec des hautbois & la musique, mais assez pitoyable.

Kirckeim.

yable. Cette aprésdinée fut encore de trois milles de marche, & l'on peut dire que cette journée faiſoit bien quatorze lieües de France.

Les Equipages en furent fort fatiguez & pluſieurs chevaux en crevérent. Nous en perdîmes un, qui auroit bien valu à Paris quatre cens écus, & un autre que nous y laiſſâmes, qui mourut bientôt aprés. Avant que d'arriver à Kirckeim on paſſe un bois trés-long & trés-ennuyeux. Je remarquai en paſſant par un vilage une machine à peu prés faite comme un tour dont on ſe ſert dans les Couvents, excepté qu'il eſt à jour, comme une cage, où l'on expoſe les filles de mauvaiſe vie, qui ſont priſes ſur le fait, afin qu'étant à la vüe du public en cét état, cela puiſſe ſervir d'exemple aux autres.

Le 28. nous marchâmes encore par un pays plus ouvert que les jours précédens, voyant en beaucoup d'endroits pluſieurs vilages & de petites villes revétues d'ouvrages de terre, avec pluſieurs Châteaux ſur la croupe des montagnes, dont quelques uns ſont preſque inhabitables, pour avoir été ruinez, ou négligez, par leurs proprietaires. Cependant on peut dire, que c'eſt un bon Pays & bien cultivé. Aprés avoir fait huit bonnes lieües de France cette

VOYAGE D'ALLEMAGNE. 237
té matinée, nous arrivâmes à Gieſſen ville Gieſſen
qui appartient au Prince de Darmſtat. Elle eſt belle & bien fortifiée, & l'on y tient
une garniſon conſidérable. Il y paſſe une
petite Riviére dont j'ai oublié le nom.

Comme tous les Equipages étoient fatiguez, on ne fut pas plus loin cette journée-là, qui fut extraordinairement chaude. Je n'aurois pas cru être ſi fatigué de
la chaleur en Allemagne, & entendre ton-
ner dans le mois d'Avril. Aprés avoir dîné, je me promenai par la ville, où il me
parut beaucoup d'honnêtes gens, & quantité d'Ecoliers, parce que c'eſt une Univerſité.

Etant un peu deſœuvré, je me trouvai avec pluſieurs Gentilshommes & De-
moiſelles du Duc & de la Ducheſſe d'Hanover, & en parlant de pluſieurs choſes,
un de ces Meſſieurs nous dit avoir vu un
aveugle prés de Maſtrick qui diſcernoit la
couleur des rubans à les toucher, comme il faiſoit d'un Jeu de Cartes aprés les
avoir touchées deux ou trois fois, ce qui
eſt fort extraordinaire : car pour avoir joüé
contre un homme qui avoit perdu la vûe
il y avoit fort long temps, c'eſt ce qui
m'eſt arrivé ; mais il avoit un petit valet
qui lui nommoit tout bas les cartes les
unes aprés les autres, & il ſuffiſoit de le
lui

lui dire une feule fois, pour bien joüer au Piquet, à la Bête, à l'Impériale & autres jeux, joüant auſſi hardiment ſon argent, qu'un autre auroit pû faire.

En parlant de la haine, on dit encore une choſe aſſes ſinguliére ; c'eſt que prés de Cologne on voit ſept Châteaux bâtis ſur ſept montagnes, appartenans à ſept fréres, qui ſe ſont fait une ſi dure guerre, qu'on n'a jamais pu les mettre d'accord.

Le 29. étant partis de Gieſſen nous fîmes plus de trois milles & paſſâmes par Randick, & Bouchambac petite ville. Nous dînâmes dans un village nommé Groſbat, & laiſſâmes ſur nôtre gauche la ville de Fritzberg, laquelle eſt aſſez grande & fortifiée d'ouvrages de terre; mais les guerres l'ont ruinée.

Bouchambac.

Nous quittâmes en cét endroit le grand chemin de Francfort, pour prendre celui de Wisbaden, & continuant cette route nous apperçumes la petite ville de Hitch & Francfort qui paroit de fort loin. Tout ce terroir eſt fort fertile, plein de Bourgs, de Châteaux, & de vilages, environnés de Montagnes touffues de Bois de haute futaye en forme d'amphithéatres, & quand on les auroit plantez au cordeau, ils ne ſeroient pas mieux rangés. Ce ſont des aſpects, tout-à-fait charmans.

L'a-

L'aprésdinée nous marchâmes encore trois milles, pour aller coucher dans un vilage nommé Swalback prés duquel il y a une fontaine d'eaux Minérales, que ceux du Pays appellent *Surwasser*, parce qu'elle est aigrelette. Les gens de qualité en mettent dans leur vin, & en envoyent chercher de fort loin. Je me souviens que feu Monsieur l'Evêque de Strasbourg en avoit à Paris, & en faisoit toûjours porter avec lui. Son gout aproche de celles de Spa, & est agréable à boire, particuliérement quand elle est transportée. J'en avois déja bu à Cell, & à Hanover, qui revenoit à 20. sols la bouteille en ce Pays-là. Elle n'est pas si agréable à boire à sa Source, & elle perd beaucoup de sa force quand on laisse la bouteille débouchée. Nous rencontrâmes plusieurs chariots qui en étoient chargez. Il y a encore un autre Swalback à trois lieuës de Francfort, qui donne des Eaux Minérales, qui sont plus fortes que celles dont je viens de parler, & où plusieurs malades vont chercher leur guérison.

Le 30. le mauvais logement nous fît décamper de bon matin, & aprés avoir passé encore un trés-beau & bon pays, laissant la ville d'Offen sur nôtre gauche, & côtoyé Mayence plus d'un mille nous arri-

Swalback.

Wisba-
den.
rivâmes enfin sur le Midi à Wisbaden, où Monsieur le Duc d'Hanover alloit prendre les Bains & les eaux, qui sont d'une trés-grande vertu pour plusieurs maladies. Nous employâmes le reste du jour à nous établir du mieux qui nous fut possible, puisque nous étions obligez d'y séjourner quelque temps.

Le premier jour de Mai se passa en visites, car plusieurs personnes de la Cour de ce Prince y étoient venuës pour prendre de ces eaux, lesquels commencérent à se mettre dans les remêdes le jour suivant. La Source en est si chaude qu'on y fait cuire des œufs sans la mettre sur le feu, & l'on y plume de la volaille. Je voulus mettre ma main dans un ruisseau qui en sort à cent pas de là, mais je fus obligé de la retirer dans le même moment. J'ai vu plusieurs Sources d'eaux chaudes, mais qui n'égalent pas celle là; car on la voit toûjours bouillir à gros bouillons, & l'on ne respire en ce lieu que des exhalaisons sulphurées & bitumineuses. Aussi la plupart de ses habitans ont-ils une couleur morne & pâle & le cuir raboteux & galeux.

On laisse plus ou moins refroidir cette eau lorsque les Medecins en donnent à leurs malades, suivant leurs Indications. Ils font

battre

battre avec des Perches celles qu'ils font servir au Bain, pour empêcher que les plus subtiles vapeurs ne portent à la Tête. Nous nous trouvâmes dans ce séjour plus échauffez & alterez qu'à l'ordinaire, & même travaillez d'insomnies. Toutes ces circonstances pourroient faire croire que c'est un lieu fort mal sain, & que les alimens retiennent quelque chose de la qualité du Terroir. Nous remarquâmes que le lait & le beurre ne s'y conservoient que très-peu de temps; & comme la plufpart des Boulangers paitrissent leur pain avec cette eau, pour éviter la peine d'en aller chercher plus loin, je recommandai à nos Officiers d'en avoir d'autre qu'on trouva beaucoup meilleur. Il y a beaucoup de gens qui se baignant à Wisbaben, prennent des eaux du grand Swalback, dont j'ai parlé cy-devant, qu'ils envoyent chercher exprés.

Le 2. Mai me promenant, pour trouver quelque endroit où l'on pût respirer un meilleur air, j'aperçus une prairie qui n'étoit pas loin de ce lieu, laquelle est environnée de plusieurs hayes & buissons, qui la rendent assez agréable, & où il y avoit une fontaine très-propre avec trois robinets, ornée d'architecture, dont l'eau étoit fort fraîche & bonne à boire, ce qui nous

L fut

fut d'un grand secours, car les eaux de la Basse Allemagne ne sont pas bonnes, ce qui fait que ceux du pays ne boivent que de la biére & du vin. De sorte que ce fut un régal pour nous, que d'avoir trouvé de la bonne eau, & il ne se passoit guéres de jour qu'on ne fût se rafraîchir en ce lieu; le recit que nous fîmes de cét endroit obligea Monsieur le Duc d'Hanover d'y faire faire des feuillées, qui sont des cabinets de branchages & de verdure sous lesquels on est agréablement à couvert. C'est-là où ce Prince & la Princesse alloient joüer les aprésdinées avec Monsieur D. G. Mais on nous avertit que cette eau fraîche pourroit être d'un mauvais usage avec la chaude, & l'on nous en parla comme d'une chose trés-dangereuse. Cependant je ne laissai pas d'en boire toûjours & tous ceux de nôtre suite, car pas un de nous ne prit envie de faire des remedes.

Quelques jours s'étant passez pour ceux qui faisoient des Remêdes à garder leurs chambres le matin, ils venoient se promener après le dîner aux feuillées, où les uns joüoient & d'autres dansoient aux chansons, mais les Medecins trouvant qu'on demeuroit trop tard dans la prairie, & que le serein pouvoit incommoder ceux

qui

qui se baignoient & prenoient des eaux, on cessa ce divertissement, & l'on joüa chez leurs Altesses. La jeune Princesse y donnoit le Bal, où se trouvoit une jeune Abbesse Niéce du Comte de Valdeck avec toute la jeunesse de cette Cour. On dansoit quelquefois aux chansons, que les Allemandes ne méprisent pas; mais comme quelqu'un, en lisant cette relation pourroit se scandaliser de voir une Abbesse se trouver au Bal, il faut qu'il sache, que ces Dames ne sont pas cloîtrées comme celles de France, & qu'elles peuvent se marier, comme aussi certains Evêques, qui ne prennent ce titre, que pour joüir d'un grand revenu, que cela aporte dans leur maison; ceux qui voudront en savoir davantage peuvent lire l'histoire de Luther.

C'est de tout temps qu'on a reconnu que la joye jointe avec les remédes faisoit mieux réussir les eaux, & c'est pour cela qu'on la cherchoit autant que la saison, le lieu, & le tempérament des personnes en étoient capables; ce qui donna lieu à une promenade qui fut faite sur le Rhin dont nous étions assez proche, & de laquelle il ne sera pas hors de propos de dire un mot.

Le 8. de May on monta en Carosse pour

pour aller aux bords de ce Fleuve, où plusieurs Bateaux couverts de feuillages nous attendoient, pour y prendre le divertissement de la pêche, laquelle ne fut pas heureuse, ayant plusieurs fois jetté les filets sans aucun fruit. On ne laissa pas d'y trouver plusieurs agrémens, tant par la bonne compagnie, que par la vûe des paysages & le concert des Trompettes & des Timballes, qui faisoient un fort joli effet. Cela valut bien l'esperance qu'on avoit de prendre quelque Saumon. Les rivages du Rhin ont des charmes si grands, qu'ils valent bien ceux de la Loire & de la Garonne; de sorte que ce passe-temps n'étoit pas à mépriser, d'autant plus qu'il fut suivi d'un magnifique dîner que le Prince avoit fait préparer dans une petite Isle qu'on nomme Indack entre Mayence, la ville d'Alfelt, & celle de Valonf. Tous les Gardes montez à cheval suivoient sur les bords du Rhin; & aprés avoir fait plusieurs tours, on fut descendre dans cette Isle où l'on avoit fait plusieurs cabinets de verdure, sous lesquels il y avoit plusieurs Tables dressées. La belle Abbesse dont j'ai parlé s'y trouva avec le jeune Comte de Valdek, & un Comte de Nassau, qui a beaucoup de biens en fonds de terre en ce pays, & qui tire encore beaucoup d'argent du

service

service qu'il rend aux Hollandois.

On se promena pendant que les Trompettes & les Timballes redoublerent leurs fanfares, qui continuérent jusques à ce qu'on eut servi le repas. Il y eut une agréable Symphonie. Farinel la conduisoit. Depuis quelque mois il s'étoit donné au Duc, aprés avoir quitté le service du Roy de France, ne pouvant durer longtemps dans un lieu.

On fit grand'chére, & la coutume d'Allemagne étant de tenir longue table, on ne s'en leva que sur les quatre heures. Leurs Altesses faisant quelques tours dans cette Isle firent encore jetter quelques coups de filet dans le petit bras du Rhin qui étoit de l'autre côté; mais elles ne furent pas plus heureuses que les autres. Cela fini nous remontâmes en bateau pour aller rejoindre nos Carosses, & retourner à Wisbaden où l'on dansa le soir chez Son Altesse, comme on avoit fait les jours précédens. Monsieur Foucher Envoyé Extraordinaire du Roi prés de l'Electeur de Mayence s'y trouva & vint coucher à nôtre logis, où il demeura deux jours.

Le temps commençant à s'échauffer beaucoup, & la plufpart des gens étant dans les remêdes, ils se tenoient le matin chez eux. Monsieur D. G. alloit sur le midi

L 3   faire

faire sa Cour, & dînoit souvent avec Leurs Altesses. Lorsque la grande chaleur étoit cessée on faisoit des parties de promenade: on se mettoit sur les sept heures à joüer à l'ombre, jusques à dix. A l'égard de la jeune Princesse, elle se divertissoit avec ses Femmes, & celles de Madame la Mére à chanter & à de petits jeux, & les hommes faisoient partie de l'assemblée; ce qui passa comme en habitude dans le reste du séjour que nous fîmes en ce lieu.

Le Dimanche 11. du mois, Monsieur le Baron de Platen & Monsieur Grot Premiers Ministres de ce Prince avec Monsieur Clin premier Gentilhomme de la Chambre allérent à Mayence dîner chez Monsieur le Baron de Schonborn, qui les y avoit invitez. Ce Grand Maréchal de S. A. Electorale de Mayence fit si bien les honneurs de sa maison, que ces Messieurs en retournérent un peu plus échauffez de vin qu'il ne faut, pour être maître de sa raison; mais cela passe pour une galanterie en ce pays, & même on a beaucoup de respect pour ces Messieurs, quand ils se trouvent en cét état. Ce Monsieur de Schonborn a eu autrefois Monsieur son Frere Electeur de Mayence, lequel étoit un homme de grande réputation. Il lui en reste encore deux, qui ne sont pas moins puissants que lui,

lui, & sont les trois plus grosses personnes qui soient en Allemagne, bien qu'elle soit fertile en des gens de cette taille.

Le 12. Monsieur l'Electeur de Mayence envoya complimenter Monsieur le Duc d'Hanover qui lui avoit fait faire de civilitez le jour précédent par son Grand Maréchal & un Gentilhomme de sa chambre; mais comme je ne me suis pas encore expliqué sur la charge de Grand Maréchal, il faut savoir que c'est à peu prés comme celle de Grand Maître de la maison du Roi en France. Il a inspection sur tous les Officiers de la bouche de la maison du Prince, qui sont obligez de raporter les bureaux de la dépense qui se fait. C'est lui qui place les gens à la table de son Maître & qui les met où ils doivent être. Il a une Table séparée qui est servie en même temps, que celle du Prince, où mangent plusieurs Gentilshommes & Demoiselles: tous ses Domestiques sont entretenus, & ce poste est trés-lucratif & trés-avantageux.

Le 13. Monsieur D. G. fut se promener l'aprésdinée sur le chemin de Mayence, & me fit mettre dans son carosse. Nous y rencontrâmes Monsieur Foucher, qu'on mena coucher au logis où l'on convint d'aller le lendemain visiter Monsieur l'Archevêque de Mayence.

Mayen-ce Archevêché.

Le 14. nous fûmes à Mayence. Cette ville me parut aſſez grande. Le Rhin qui baigne ſes murs eſt fort large en cét endroit. Nous le paſſâmes ſur un pont volant de 15. à ſeize cens pas de longueur. On trouve au bout en deça de ce Pont un gros bourg nommé Caſſel ſitué aſſez avantageuſement, & qu'on pourroit bien fortifier. Nous allâmes deſcendre de caroſſe au Palais de l'Electeur. C'eſt un gros homme de bonne mine, un peu rouge de viſage, âgé d'environ quarante cinq ans, d'un air gracieux & d'un commerce aiſé. Monſieur D. G. en reçut beaucoup d'honnêtetez & leur converſation roula plus ſur la politique que ſur autre choſe.

Je priai un de ſes Gentilshommes de me faire voir ſes apartemens, & je trouvai ce Palais trés-beau, tant par ſa ſituation qui lui donne la vüe ſur le Rhin & ſur une trés-belle Campagne, que par ſa propreté & la grandeur de ſes apartemens. Il eſt bâti d'une pierre rouge, qu'on trouve en ce pays. Ce Prince ſe plait fort à l'augmenter. Il y a un vieux Château qui eſt prés de celui ci, où ſon Prédéceſſeur faiſoit ſa demeure, qui ſert à loger ſes Domeſtiques. Tout cela joint enſemble forme me un point de vûe des plus beaux & des plus agréables.

Cet Archevêque est le prémier des Electeurs d'Allemagne : comme Vicaire de l'Empire c'est lui qui en a le sceau. Son revenu est de deux cens cinquante mille écus ; mais il ne peut en prendre que vint mille sur cette somme dont il peut disposer comme bon lui semble. Du reste il peut l'employer dans son train, & son équipage, aussi bien qu'en Bâtimens ; mais il faut que ces dépenses soient portées à la Chambre, laquelle est établie pour savoir ce que deviennent les deniers de cét Etat, qui est obligé d'avoir certain nombre de Troupes pour sa conservation. Cette chambre est composée d'un Chancelier qui a beaucoup de reputation. Il est aidé de plusieurs Conseillers pour la direction de toutes les affaires & pour empêcher qu'on n'aliene par avances, emprunts, & autres moyens les Rentes de ce Domaine.

Les Meubles de l'Archevêque restent toûjours au Successeur, à moins qu'il n'y en eut eu d'achetez sur les vingt mille écus des menus plaisirs, car cela étant ils apartiennent aux héritiers du deffunt, comme aussi tout ce qu'il auroit pu épargner de cette somme pendant sa vie, & la Chambre tient des regîtres exacts de tout cela.

L 5

Il y a trois places dans son Chapitre, qui sont à sa nomination. Elles valent dix à douze mille écus de rente. Il a une belle maison de plaisance & bien meublée avec un équipage de chasse fort raisonnable. En temps de guerre, il peut mettre jusqu'à quatre mille hommes sur pié.

Les Chanoines ont des revenus considérables. Ils sont ordinairement de deux mille écus. Il y en a un nommé Monsieur Stadian, qui joüit de 45. mille livres de rente, il a manqué deux fois d'être Electeur. Ils sont vingt quatre Capitulaires, & pour entrer dans ce Chapitre, il faut être noble de quatre Races. Ils peuvent tous prétendre à l'Electorat qui se donne à la pluralité des voix. Cét Electeur-ci étoit celui auquel on pensoit le moins. Il étoit même absent du Chapitre lorsque par le caprice de quelques uns, qui ne vouloient pas appuyer le parti les uns des autres, il fut élevé à cette dignité. Il étoit Baron d'Ingelheim, & fut extrémement surpris lors qu'on lui apporta la nouvelle de son Election, qu'il n'avoit briguée en aucune maniére. On peut joüir en Allemagne de plusieurs Evêchez & Bénéfices à la fois sans que ces Messieurs y trouvent leur conscience intéressée.

Autre-

Autrefois Mayence n'étoit qu'un Evêché suffragant de la Métropole de Trêves, & en ce temps il n'étoit pas requis d'être d'une race si noble; puisque nous lisons dans l'histoire que le fils d'un charron fut dans le huitième Siécle Evêque de Mayence.

Le 14. le Maréchal Schonborn avec d'autres Gentilshommes & quelques Chanoines des plus aparens vinrent à Wisbaden voir Monsieur le Duc d'Hanover. Messieurs de Platen, Grot, & autres Officiers de sa Cour regalérent si bien ces Messieurs, qu'il n'y manqua rien, & même on eut un si grand soin de leurs valets, qu'on fut obligé de leur en donner d'autres & un cocher pour les reconduire chez eux.

Le 15. qui étoit le jour de l'Ascension, nous fûmes avec Monsieur Foucher nous promener à Francfort, qui est éloigné d'environ cinq milles de Wisbaden. Nous y arrivâmes sur les cinq heures du soir, aprés avoir passé par une petite ville nommée Hictz, que les Imperiaux ont ruinée dans les derniéres guerres. Messieurs de Schonborn, dont je viens de parler, & qui sont gens de bonne chére, & les Costaux de ce pays-là, y ont une maison où l'on dit qu'il se répandoit beaucoup de vin.

L 6

Nous

Francfort.

Nous logeâmes dans Francfort à la Maison rouge, qui est une des plus grandes & fameuses hôtelleries, qu'on puisse voir. On nous y fit très-bonne chére en gras & en maigre, & l'on nous y servit très-proprement. Les chambres sont bien meublées, & il y a quantité de valets, qui sont toûjours en mouvement, afin que rien ne vous manque. Tout ce qu'il y a de gens de qualité y vont loger lorsqu'ils y passent. Il y en a même qui se rendent là pour y faire débauche & bonne chére. Francfort est une plus belles villes & un des plus grands passages de l'Allemagne. Elle est assez grande & bien marchande, ses ruës sont larges & belles, aussi bien que les places, où il y a plusieurs fontaines & puits pour la commodité du Public. On y trouve tout ce qui est nécessaire à la vie. On y tient deux grandes foires châque année, où beaucoup de gens se rendent de toutes parts & par dessus tous ces avantages, comme ville Impériale, elle a beaucoup de priviléges. Le Mein y passe au travers & emplit ses fossez, ce qui la rend forte. Les Magistrats y sont fort respectez, & il n'y a que des Lutheriens qui puissent parvenir à cette dignité parce que c'est leur Religion qui domine en ce lieu. Les Catholiques y ont deux Eglises dans l'une desquelles

se

se fait le couronnement des Empereurs. Les Calvinistes ont deux Temples hors de la ville où ils font leurs exercices. Les Juifs, qui y sont en grand nombre, y ont leur Synagogue, & toutes sortes de Religions y sont souffertes. Les Eglises Lutheriennes sont trés-propres, & l'on y prêche trois fois la Semaine. Ils commencent le matin pour finir à neuf heures, afin que chacun puisse en suite ouvrir sa boutique & retourner à son commerce, qui cesse absolument dans le Temps des exercices. On y fait aussi des Priéres sur les six à sept heures du soir.

Les Ministres y vont en Robe longue & portent des fraises goderonnées au lieu de rabat, & une grande Toque faite à peu prés comme celles des Paysans de Bearn. Ils ont dans la Basse Allemagne le chapeau & la calotte, qui est une espéce de marque pour leur caractére. Tous ces Messieurs y sont fort accrédités & fort respectez par le peuple.

Les Juifs ont un quartier séparé, où ils habitent dans Francfort. On ne voit autre chose que ces gens-là aller par la ville, dont la plufpart sont trés-mal vêtus & mal propres. On les oblige de porter des fraises pour être distinguez, & leurs femmes ont de certains bonnets ornez de plu-

sieurs

sieurs papillottes & autres colifichets. C'est à mon sens un trés-vilain peuple, & que je connoîtrois sans leurs marques. Lorsqu'ils s'apperçoivent que quelque étranger arrive, ils ne manquent pas de l'environner pour atraper quelque chose, & l'on peut s'en servir à tous usages, car ils font tout pour de l'argent excepté le jour de leur Sabbat.

Les dorures de Francfort étant aussi estimées que celles de Strasbourg, nous y achetâmes des gobelets de vermeil & des tasses à beaucoup meilleur marché qu'ailleurs. Plusieurs de nous firent aussi emplette de ces petites pilulles tant renommées & dont l'usage n'est pas mauvais pour la santé de certaines personnes. Je m'avisai de voir les Ordonnances des Médecins de ce Pays-là, pendant qu'on nous ajustoit nos pilulles, & je remarquai que ces Messieurs comme dans toute l'Allemagne faisoient une trés-grande quantité de remédes à leurs malades, & qu'un seul en use plus que ne feroient en France quatre des nôtres dans la même maladie.

Ma curiosité me porta aussi à visiter plusieurs Libraires, qui étant en pays de liberté, se chargent de tous les livres deffendus. J'en trouvai quantité, qui me paroissant la plûpart ridicules, ne me donnénérent aucune envie d'en avoir. Nous allâmes voir l'Eglise où l'on couronne les Empereurs, qui n'est pas fort magnifique, & trés mal pavée. Nous passâmes aussi à l'Hôtel de ville où se fait le festin du couronnement où je ne vis rien d'extraordinaire.

Le vendredi 16. nous nous promenâmes encore beaucoup. L'Envoyé de l'Empereur à Francfort vint visiter Monsieur D. G. & Monsieur Foucher, qui lui rendirent sa visite, & aprés nous être bien régalez en poisson, nous partîmes sur les deux heures aprés midi, pour revenir à nôtre misérable Wisbaden.

Le 17. on dansa le soir chez la jeune Princesse, où la belle Abbesse Comtesse de Valdeck faisoit partie de la Compagnie. Leurs Altesses d'Hanover reçurent ce jour-là des complimens de la part de Monsieur l'Electeur Palatin & de Madame l'Electrice, & le Gentilhomme qui en étoit chargé nous dit qu'ils devoient venir le mecredi suivant, pour prendre les eaux de Swalback.

Le Dimanche 18. Madame la Duchesse d'Hanover fut se promener à Mayence avec Madame sa Fille; c'est ainsi qu'on les appelle en Allemagne, au lieu qu'en France c'est Mademoiselle. Ces Princesses

ses prierent Monsieur D. G. de les y accompagner. Il monta dans leur carrosse. Le Cortége étoit nombreux; car la plus grande partie des gens de leur Cour les suivirent. Elles furent voir le Jardin de Monsieur Stadian Chanoine dont j'ai déja parlé. Ce lieu, qui est à l'extrémité de la ville & sur les bords du Rhin, est fort agréable. Il est trés-propre pour un particulier: plusieurs des plus honnêtes gens de Mayence s'y trouvérent & l'on y avoit dressé une magnifique colation. S. Altesse se mit à Table pour peu de temps, afin de faire honneur au Maître de la maison, & s'en retourna avec sa même Compagnie, excepté les jeunes gens, qui se seroient mieux divertis sans une grande pluye qu'il fît ce jour-là. Le reste de la journée se passa au jeu, ne sachant mieux faire.

Le Lundy 19. fut employé à l'accoutumée, & le mardi 20. Monsieur & Madame la Duchesse d'Hanover furent dîner chez Monsieur l'Electeur de Mayence, où ils étoient invitez avec ce qu'il y avoit de gens à sa suite. Cet Electeur vint recevoir leurs Altesses à un quart de lieuë de la ville, accompagné de plusieurs carrosses. Il prit dans le sien ce Prince & cette Princesse, aprés s'être fait plusieurs complimens.

Le Pont du Rhin sur lequel passa ce cortége étoit enjolivé de plusieurs portiques de verdure. Toute la Bourgeoisie étoit sous les armes aussi bien que les troupes qui étoient en haye pour les recevoir. Il y avoit six piéces de canon sur ce Pont, qui tirérent aprés qu'on fut passé, de même que celles qui étoient sur les Remparts de la Ville & de la Citadelle. Le Repas fut somptueux par la grande quantité de mets qu'on y servit, & la profusion de vins qu'on y but. Cela ne se passa pas sans qu'on s'en apperçut à l'égard de beaucoup de personnes. Les santez de plusieurs Monarques & Princesses ne furent pas oubliées, & chaque santé étoit accompagnée d'une décharge du Canon.

Ce repas ne finit qu'à sept heures du soir, & les adieux faits, Leurs Altesses se mirent dans des bateaux qu'on leur avoit préparez avec des feuillages pour revenir sur le Rhin, d'où Elles descendirent à deux ou trois portées de mousquet de Wisbaden sur les dix heures du soir.

Le Mecredi 21. fut employé à plier bagage, pour s'en retourner; car Monsieur le Duc d'Hanover avoit fini l'usage de ses eaux & de ses remédes. Ce jour-là Monsieur D. G. donna un grand dîner à Messieurs le Baron de Platen & Grot premiers
Mi-

Ministres de ce Prince. Il y eut aussi à ce repas plusieurs Dames & Gentilshommes de cette Cour. S. A. Madame la Duchesse lui donna ce jour là un grand vase d'or estimé plus de mille loüis d'or. La manière obligeante avec laquelle on le lui presenta & le tour qu'elle y donna rendit ce présent agréable en toutes maniéres. Mais comme Monsieur D. G. est né pour faire du bien, il laissa aussi dans cette Cour, & dans celle de Monsieur le Duc de Cell, qui lui avoit donné deux attelages de chevaux Isabelle, des marques de sa liberalité & de ses honnêtetez ordinaires.

Le lendemain 22. nous partîmes de Wisbaden avec toute cette Cour, & allâmes coucher à Francfort. A l'entrée du Duc d'Hanover on tira tout le canon pour lui faire honneur. Monsieur D. G. qui les jours précédens s'étoit ressenti de quelque attaque de goute, en fut plus incommodé cette journée, & fut obligé de faire des remédes, & bien qu'il eût reçu des ordres du Roi pour revenir en France, son dessein étoit de prendre un chemin plus long, pour accompagner Monsieur & Madame la Duchesse d'Hanover encore quelque temps & jouir du plaisir de les voir : car ce Prince ne pouvoit se lasser de lui faire des amitiez.

Le

Le Vendredy 23. Monsieur D. G. bien que toûjours indisposé se leva du matin, pour faire un second adieu à ce Prince & à cette Princesse, qui partirent de Francfort au bruit du canon, pour retourner dans leurs Etats, après avoir été complimentez de tous les Magistrats & des Envoyez, qui étoient alors en cette ville.

Cette séparation ne se fit pas sans quelque regret, car nous avions été si bien traitez de tous ces Messieurs, qu'on ne pouvoit s'empêcher d'avoir quelque chagrin de leur absence ; mais l'empressement qu'on a ordinairement de revoir sa Patrie adoucit un peu nôtre douleur. Cependant Monsieur D. G. que la goute obsedoit fut contraint de se remettre au lit, & se trouvant un peu soulagé sur le soir, Monsieur Foucher lui conseilla de venir chez lui à Mayence, où il seroit mieux, que dans une hostelerie, & où il auroit toutes choses plus commodément.

Le Samedi 24. cette indisposition commençant à paroître sur sa fin, Monsieur D. G. goûta mieux les avis qu'on lui avoit donnez, & se sentant plus de force accepta le parti qu'on lui avoit offert. Il prit la résolution de monter en carosse, comme nous fîmes, pour aller à Mayence, où nous arrivâmes sur le soir chez

Mon-

Monsieur Foucher, qui ne voulut pas permettre qu'aucun de nous logeât ailleurs que chez lui. On n'a jamais mieux fait les honneurs de sa maison, qu'il les fit tant par la bonne chére, que par un air noble & engageant, qui accompagnoit la joye qu'il ressentoit de nous avoir.

Comme il faloit causer & s'entretenir, la conversation roula sur les grandes conquêtes de nôtre Invincible Monarque, & sur le droit qu'elles lui donnoient sur une grande étendue de Pays. C'étoit dans le temps que ses Officiers faisoient voir à Sa Majesté le droit qu'elle avoit sur la Comté de Chimey, laquelle a été depuis réunie à sa Couronne avec plusieurs autres Seigneuries; à propos dequoi on nous dit qu'un des bastions de la citadelle & une des rues de Mayence relevoient du Comté de Falkesteim, que le Roi par sa générosité ordinaire avoit remis au Comte de ce nom, en lui en faisant hommage.

Ayant tout le loisir de voir Mayence, elle me parut assez grande, & peuplée: mais qui pourroit être mieux fortifiée, étant d'une grande garde, qui pourroit être reduite à beaucoup moins.

Le 25. jour de la Pentecôte, Monsieur D. G. ayant passé une nuit assés tranquille, & ne sentant plus de douleur, se

leva

leva pour aller à la Messe, & alla voir Monsieur l'Electeur, avec lequel il eut encore quelque conversation. Comme il sortoit d'avec lui, il m'en parut fort satisfait, me disant que c'étoit un fort bon & honnête homme. Il le pria avec beaucoup d'empressement de dîner avec lui, & Monsieur D. G. y auroit consenti, sans la crainte qu'il avoit de s'embarquer dans la longueur des repas de ce païs. De sorte qu'on revint chez Monsieur Foucher qui nous fit toûjours si bonne chére, que ne voulant pas en abuser cela hâta nôtre départ, & fit prendre à Monsieur D. G. le parti de retourner promptement en France, s'étant glorieusement aquité des ordres que le Roy lui avoit donnez dans tout le voyage que nous avions fait.

Le Lundi 26. aprés avoir consulté en dînant sur la route qu'on devoit tenir, pour retourner à Paris, nous allâmes coucher à cinq heures & demi de Mayence, à une petite ville nommée Altshaim apartenant à Monsieur l'Electeur Palatin où ils font Calvinistes.

<small>Altshaim.</small>

Le lendemain 27. nous marchâmes toûjours dans les bois & vinmes dîner à un vilage nommé Stenbac situé au bas des montagnes, que les derniéres guerres ont saccagé

saccagé & brûlé plusieurs fois. Nous y trouvâmes un homme âgé de 105. ans plus droit & agile que la plufpart de ceux de soixante & dix ans. Je regretai de ne savoir pas assez d'Allemand pour l'entretenir & le questionner. Je lui donnai des sucreries, dont il me parut bien aise ; il en donna une partie à ses petits enfans.

Aprés le dîner nous remontâmes en carosse, marchant encore prés de six heures par les bois, pour arriver à une autre petite ville appartenante encore à l'Electeur Palatin, laquelle est fortifiée de quelques ouvrages de terre & de fossez pleins d'eau. Ce Prince y tient garnison, laquelle pouvoit être alors d'environ quatre cens hommes tant Fantassins que Dragons. Elle s'appelle Keisers-luter. Le Commandant, qui étoit Piémontois, nous accorda avec beaucoup d'honnêteté de faire ouvrir les portes plûtôt qu'à l'ordinaire, désirant en partir de grand matin.

Keisers-luter.

Passant encore une grande partie de cette ville, nous reconnumes par ses ruës & à ses Edifices, qu'elle pouvoit avoir été quelque chose de plus considérable, & que la guerre l'avoit fort désolée. Nous fûmes obligez d'y souper en poisson n'ayant pu y trouver de viande.

Le 28. tout le chemin fut encore dans
les

VOYAGE D'ALLEMAGNE.

les bois cette matinée, & après cinq heures & demi de marche, on fût dîner dans une ferme au milieu de la Forêt nommée Jehirouſe, ayant laiſſé Ranſcheim derriére, où nous n'avions rien trouvé, & ſans quelque proviſion que nous avions, on auroit fait méchante chére : étant obligez de faire rafraîchir nos chevaux, nous y demeurâmes trois heures, pour nous remettre à marcher par les bois, afin de nous rendre à Limback aſſez gros vilage, à quatre heures & demi du lieu où nous devions aller coucher; mais lors que nous y fûmes arrivez, on nous dit qu'il n'y avoit ni foin, ni paille, ni avoine, & qu'il faloit marcher encore trois heures pour venir juſqu'à Tinberg, où étant arrivez à peine put-on avoir du foin. Il falut envoyer à une lieüe de là chercher de l'avoine, & pour nous, trop heureux d'avoir des œufs & du vin dont la chaleur étoit peu à craindre. Cela n'étoit pas agréable à un Equipage de vingt perſonnes, qui avoient dix neuf chevaux. Cette couchée fut une eſpece de campement. Dans cette marche, qui eſt preſque toûjours dans les bois, nous vîmes en divers endrois quelques châteaux ruinez. Nous paſſâmes à côté d'Hombourg, où le Roi tient une garniſon conſidérable.

Tinberg.

Le

Pont-Sarbrick, beau Château.

Le 29. n'ayant que trois lieües pour nous rendre à Pont-Sarbrick, nous y arrivâmes de bonne heure. Ce lieu paroit trés-beau & trés-grand, à la sortie des bois. Il appartient à un des Comtes de Nassau. Les derniéres guerres ont achevé de le ruiner : car aprés que les François s'en furent rendus maîtres, le Duc de Lorraine le prit sur eux, & ses troupes y firent beaucoup de désordre. Il y a une petite ville au bas de ce Château que l'on nomme S. Jean, où les Habitans font profession du Luthéranisme. Le Roi la faisoit fortifier. C'est un passage pour y poster de la Cavalerie. Nous y trouvâmes quatre Compagnies du Régiment de Normandie, que le Sieur de Beaulieu commandoit. Il me dit que toutes les Fortifications seroient finies dans un mois, & qu'ils iroient aprés cela camper à Biche : c'est un poste à quatre lieües de Sar-Louis place que le Roi a fait construire en ce pays-là, qui est déja fort avancée & qui sera d'une grande considération.

Le Jeune Comte de Nassau, qui étoit alors dans son Château de Sarbruck, qui est le véritable nom plûtôt que Sarbrick, sachant que Monsieur D. G. étoit arrivé en ce pays, envoya demander s'il ne l'incommoderoit point de le venir voir : mais il n'étoit pas encore hors de sa goute, il lui

lui fit dire qu'il étoit bien fâché de n'être pas en état de le prévenir. De sorte qu'il ne fut pas longtems sans venir à l'hôtellerie, où nous étions, & aprés plusieurs civilitez, Madame sa Mére y envoya un quartier de Faon, & un Broc d'excellent vin de Moselle. Nous ne passâmes pas plus avant ce jour-là, & les quatre Capitaines du Régiment de Normandie étant venus rendre visite à Monsieur D. G. il les obligea de dîner avec lui.

Sur la fin du repas, celui qui commandoit dans le Château pour le Roi, vint aussi nous faire civilité, & aprés d'assez longs entretiens, ces Messieurs se retirérent.

L'aprésdinée, je fus au Château avec un Neveu de Monsieur D. G. pour remercier de sa part Madame la Comtesse de Nassau de toutes ses honnétetez, car bien que le Roi le fasse garder, elle ne laisse pas d'y demeurer avec toute sa Famille, & de disposer & jouïr de ses revenus; mais je ne pûs voir qu'avec pitié les marques de la désolation de ce lieu: on s'aperçoit bien par ce qui en reste de la magnificence dont étoit autrefois cette maison; & comme ce Poste a été pris & repris plusieurs fois par divers partis, il est tout percé de coups de canon. Il est aisé de s'en faire

faire une triste idée. La ville dont les masures font voir qu'elle devoit être habitée par des bourgeois riches & accommodez a été tout-à-fait pillée & brûlée. Cependant quelques hostilitez qui s'y soient faites ; jamais Madame de Nassau n'a abandonné son Château, ayant toûjours soûtenu avec beaucoup de constance & de fermeté tous les malheurs, que la guerre cause en semblables occasions. Elle me dit que les Lorrains lui avoient fait beaucoup plus de mal, qu'aucune autre Nation, bien que feu Monsieur son Mari, qui étoit alors au service de l'Empereur, où il a perdu la vie, dût leur inspirer quelque considération pour elle. Cependant ils emportérent jusqu'à ses habits, ne lui laissant que ce qui la pouvoit couvrir.

Nous fûmes par curiosité voir le débris de ce Château, qui est au bord de la Saar dont les eaux mouillent une partie de ses murs. Si l'on peut en juger par les dorures, les corniches, & les belles piéces d'architecture qui y restent, on peut dire que c'étoit une belle demeure. Nous trouvâmes prés de cette Dame, Mesdemoiselles ses Filles au nombre de trois, qui sont encore fort jeunes ; mais qui sentent aussi bien que la Mére, leurs personnes de qualité.

Aprés

Aprés avoir fait ma visite, & m'être aquitté de ma commission, je rencontrai en mon chemin, Monsieur de Beaulieu, dont j'ai déja parlé; & me promenant avec lui sur la place, j'aperçus une main clouée sur une potence. Je lui demandai ce que c'étoit. Il me dit que c'étoit un soldat, qui ayant eu une affaire avec un de ses camarades, lequel l'ayant surpris sans armes lui donna quelques coups de baton, aprés l'avoir outragé de paroles, lui disant qu'il n'auroit jamais assés de cœur pour s'en venger, & autres choses de cette nature: ce pauvre garçon se sentant vivement piqué & le trouvant en son chemin lui passa son épée au travers du corps dont il mourut. Cela ne fut pas si tôt fait qu'il fut arrêté prisonnier, & les Officiers assemblez pour lui faire son procés, il fut condamné d'avoir le poing coupé, & d'être pendu: & bien qu'il eût pu récuser quelques uns de ces Messieurs, & allonger ses jours par ce moyen, il subit le jugement, disant qu'il voyoit bien qu'il ne pouvoit éviter la mort. Etant conduit au lieu du suplice, le bourreau se mettant en devoir de lui lier le poignet sur le poteau destiné à cét usage, il ne voulut pas le souffrir mais le mit lui même avec fermeté; & bien que l'Exécuteur l'eut manqué, il ne branla point, & lui

lui dit, achêve & ne crains aucunement. En suite il pria qu'on ne le fit point languir. On me fit remarquer, que le sang dont le poteau étoit teint depuis trois mois, n'avoit pû être effacé, par aucune injure du temps. La résolution de ce Soldat étonna tous les spectateurs.

Le 30. nous partîmes de Pont Sarbruck à dix heures du matin, après avoir mangé, pour aller d'une traite coucher à S. Avo. Il y a six lieuës de S. Jean à cette petite ville, qui me parut fort ruinée par la guerre. On me dit qu'elle avoit été fort marchande, & cela pourroit être, y ayant encore quelques Juifs, qui trafiquent en ce lieu-là.

Saint Avo.

Le 31. nous en partîmes de grand matin pour aller dîner à Courselles village qui en est à six lieuës, où la plufpart des habitans sont Calvinistes : dans les lieux que nous avions laissé derriére nous ils sont tous Luthériens.

Nous trouvâmes en cet endroit le neveu de Monsieur D. G. Conseiller au Parlement de Mets qui étoit venu au devant de lui dans le carrosse de Monsieur Bazin Intendant de cette Province, qui l'attendoit à dîner chez lui, de sorte qu'il n'arrêta qu'un moment à Courselles, & nous y restâmes pour faire reposer l'Equipage.

Mets.

L'a-

L'apresdinée nous le suivîmes, & nous le trouvâmes logé chez Monsieur l'Intendant, qui ne voulut pas permettre d'aller où on lui avoit préparé un apartement, il luy donna le soir un souper magnifique, où se trouvérent quatre des plus agréables & des plus belles Demoiselles de la ville. Monsieur de Gyvry Gouverneur avoit aussi envoyé un garde à sa rencontre, lui offrir sa maison ; mais comme il étoit encore incommodé de la goute, il goûta peu toutes ces invitations.

Monsieur D. G. le Conseiller nous donna à souper chez lui, & nous fit trésbonne chére. On me donna une chambre, où je voyois de mon lit la plus belle campagne du monde. La Moselle y passant en différens endroits fait une des plus belles vuës qu'on puisse s'imaginer. Enfin Mets, à mon sens, est une des meilleures & des plus agréables villes que j'aye vuës, & je la choisirois volontiers pour ma demeure. Je ne m'étonne pas si elle a été la capitale du Royaume d'Austrasie & le séjour de ses Souverains. Elle fut prise par le Connétable de Montmorency, sous le Régne de Henry Second ; mais elle s'aquit beaucoup de réputation, lorsque la même année l'Empereur la vint assié-

assiéger avec une armée formidable. C'étoit Charles Quint, qui ne put surmonter la valeur des François, sous le commandement du Duc de Guise, qui en étoit Gouverneur, & l'histoire en dit assez, pour ne m'étendre pas sur toutes les avantures de cette belle & grande ville.

Le Dimanche premier de Juin Monsieur D. G. ayant reçu nouvelle que Monseigneur le Duc étoit malade, il envoya son Neveu en poste pour lui témoigner la part qu'il y prenoit, & le chargea encore de plusieurs autres commissions.

L'aprésdinée ne sachant que faire, j'allai à la comédie, où je trouvai par hazard, un de mes amis, avec lequel je soupai. Bien que les Acteurs ne fussent pas des meilleurs, ils ne laissérent pas de me divertir. Les Hauts-bois des Officiers qui passent par là y joüoient au lieu de Violons, & cela faisoit un fort joli effet.

Le Lundi 2. après avoir dîné chez un nommé Monsieur Bouillon, où demeuroit Monsieur D. G. le Conseiller, nous partîmes de Metz pour aller coucher à Mahuet village à huit lieuës de cette ville, après avoir passé Moulins, Malatour, Fresne & autres petits lieux.

Le

Le Mardi 3. nous partîmes de grand matin, & après avoir fait quatre lieuës, nous arrivâmes à Verdun & logeâmes au Ver-S. Esprit, où se trouvérent beaucoup dun. d'Officiers du Clermontois, qui étoient venus jusques-là au devant de Monsieur D. G. Il y reçut aussi beaucoup de visites des Officiers des Troupes du Roi qui passoient par cette ville, & entr'autres de Messieurs de l'Age, de Bertillac, & de Listenet. Le Major de cette Place nous envoya un régal de fort bon vin. Verdun me parut un peu négligé, parce qu'il n'est plus frontiere, comme il étoit autrefois. L'Eglise Nôtre-Dame a un beau Chapitre, & la Meuse y forme diverses petites Isles qui la rendent agréable. C'est une des plus grandes & fortes villes de la Lorraine. Ses Evêques prenoient autrefois le Tître de Comtes de Verdun. Elle est fort peuplée, marchande, & d'un grand passage. Nous y achetâmes des dragées, car c'est un droit qui lui est dû.

Sur le midi nous partîmes de Verdun, y étant arrivez le matin de fort bonne heure, & nous allâmes coucher à Clermont, qui en est à cinq lieuës. Nous trouvâmes en chemin beaucoup de personnes qui à l'envi les uns des autres

étoient

étoient venus de Stenay, Deun, Varennes & autres lieux appartenans à S. A. S. Monseigneur le Duc, pour faire leur cour à Monsieur D. G. & qui s'étoient mis sous les armes. Mais il leur déclara qu'il n'entreroit pas dans Clermont, s'ils ne quittoient toutes ces Cérémonies, qu'il falloit réserver pour leur Maître ; & ayant obéi, on alla loger chez le Procureur fiscal, qui en usa fort honnêtement ; car la bonne-chére nous suivoit par tout. Nous séjournâmes à Clermont jusqu'au lendemain fort tard, pour écouter toutes les plaintes de plusieurs habitans du Pays, ce qui occupa fort Monsieur D. G. étant obligé de les entendre, comme Surintendant des Maisons de Monseigneur le Prince & de Monseigneur le Duc. Il donna les ordres qu'il jugea nécessaires. Mais comme il y a plusieurs endroits qu'on nomme Clermont, il est bon d'avertir, que celui-ci est dans le Duché de Bar, qui fut cédé à la France par divers traitez particuliers ; confirmez par la Paix des Pirenées en 1659. Il a le Titre de Comté.

Clermont.

Le 4. nous partîmes à une heure & demi de Clermont, & après avoir passé la Riviére d'Aisne nous arrivâmes à Sainte Menehoud, qui en est à trois lieuës de trés-mauvais chemin. Plusieurs Officiers de

leurs

leurs Altesses vinrent nous conduire jusques à certains passages, pour faire voir quelques réparations qu'il y avoit à faire.

Nous laissâmes nôtre bagage à Sainte Menehoud, pour être visité des Doüaniers, qui sont en ce lieu. Un des gros bourgeois de la ville fit tout ce qu'il put pour nous retenir, & nous fûmes obligez de souffrir qu'on nous servît dans nôtre Carrosse, ce qu'il y avoit de plus agréable pour la saison. On en prit plutôt pour lui faire honneur, que par necessité. Ayant trouvé là un Relais que Monsieur le Marquis de Sillery avoit eu la bonté d'y envoyer, nous passâmes six lieuës au de là, & profitant de la fraîcheur du temps de cette soirée, nous fûmes coucher dans un gros Village nommé Suipe, après avoir laissé Bocoüe derriere nous. L'hôtellerie y étoit fort mauvaise, ce qui nous en fit décamper de grand matin. C'étoit le 5 du mois, jour de la fête-Dieu. Nous arrivâmes à Sillery avant huit heures du matin, quoi qu'il en soit éloigné de six lieuës. Nous trouvâmes le Maître de cette belle & bonne maison en robe de chambre, qui se levoit, & qui reçut Monsieur D. G. comme un de ses plus intimes & veritables amis.

Nous rencontrâmes un courrier sur le

chemin qui nous aprit que S. A. S. Monseigneur le Duc se portoit mieux, & qu'il n'avoit plus de fiévre.

Sillery. Monseigneur l'Archevêque de Reims, sachant que Monsieur D. G. étoit à Sillery qui n'est qu'à deux lieues de cette ville, vint l'aprésdinée pour le voir & l'engagea de venir le lendemain dîner avec lui en faisant chemin.

Le 6. aprés avoir été régalez & avoir bu du meilleur vin de l'Europe, car on ne peut rien ajouter aux honnêtetez de Mr. le Marquis de Sillery, il monta dans son carrosse sur les dix heures du matin avec Monsieur D. G. pour aller ensemble dîner à l'Archevêché de Reims. Nous fûmes loger vis-à-vis au Moulinet où l'on fait bonne chére. Messieurs de Ville y envoyérent deux douzaines de Bouteilles de vin, croyant que Monsieur D. G. y dînoit, que je ne laissai pas de recevoir de sa part, & comme il étoit bon, je le fis mettre dans un panier pour éviter d'en boire de méchant, le reste de nôtre voyage.

Rheims Nous partîmes de Rheims sur les deux heures aprés midi. La plûpart du monde sachant, que c'est une trés-belle & grande ville qui porte Titre de Duché & Pairie, que Nôtre-Dame la principale Eglise est un chef-d'œuvre d'architecture

&

& que c'est où se fait le Sacre des Rois de France, je ne m'étendrai pas davantage sur son sujet. Nous fûmes coucher à la petite ville de Fîmes qui en est à six lieuës, Fîmes. & nous y fûmes assez bien.

L'envie qu'on avoit d'avancer chemin nous fit partir le lendemain 7. avant quatre heures du matin pour dîner à la Ferté La Fer-Milon, qui est à dix lieuës de Fîmes, té Mi-ayant trouvé un relais à un petit village lon. prés de Fére, qui est à Monseigneur le Prince de Conty, où plusieurs de ses Officiers vinrent complimenter Monsieur D. G.

Nous rencontrâmes à la Ferté le bon homme Monsieur Châtelain, qui a été dans les grosses Fermes du Roi, qui alloit trouver son Fils Intendant pour les troupes de sa Majesté à Meziéres, & Charleville. La chaleur fut si grande ce jour-là que nous laissâmes passer quatre heures pour arriver à la fraicheur à Nanteuil qui Nan-en est à six lieuës & où nous trouvâmes teuil. une bonne Hôtellerie. Cette Terre est d'un gros revenu. Elle appartient à Monsieur le Marquis de Cœuvres. Le Château en est fort beau. Nous passâmes cette aprésdinée par un gros village nommé Bray, où Monsieur Gaillardon de Soissons fait beaucoup d'embellissemens, qui ren-
dront

dront le lieu & la maison considérables.

Le 8. nous partîmes de Nanteuil & passâmes à Mont l'Evêque, maison de plaisance de Monsieur l'Evêque de Senlis, & à Nôtre-Dame de la Victoire, pour dîner à Chantilli où l'on esperoit trouver Monseigneur le Prince : mais ayant su qu'il étoit encore à Paris, on se hâta d'y arriver. Ayant trouvé un relais à Louvres, nous fûmes sur les huit heures du soir à l'Hôtel de Condé, où nous trouvâmes leurs Altesses en très bonne santé, & paroissant très-satisfaits de revoir Monsieur D. G. qui partit le lendemain, pour aller à Versailles y rendre compte au Roi de la négociation dont il avoit plu à sa Majesté de l'honorer.

Fin du Voyage d'Allemagne.

VOYAGE D'AIX LA CHAPELLE

en 1687.

JE pourrois augmenter cét Ouvrage par beaucoup d'autres petits voyages, que j'ai faits : car dés ma tendre jeunesse j'ai fait le tour de la France, & j'ai été en divers temps dans un même endroit, étant obligé de faire quelques campagnes au service de Monseigneur le Prince : mais je passerai tous ces voyages sous silence, pour ne parler
que

que de celui d'Aix la Chapelle, que je fus obligé de faire au Printemps de l'année 1687. à cause des eaux & des bains de cette ville. Je m'y rendis avec une nombreuse compagnie de gens de qualité: mais comme je n'étois pas encore bien remis d'une incommodité qui m'étoit survenuë, j'eus bien de la peine à m'embarquer & à consentir à les accompagner. Cependant il falut partir de Paris le 17. Avril de cette même année, & aller coucher au Château de Chantilly, où l'on ne peut être que trés-agréablement; car ce lieu meriteroit un volume pour parler de toutes ses beautez. Il est à neuf lieües de cette capitale; & c'est une des plus belles maisons du Royaume après Versailles, c'est pourquoi je ne m'engagerai pas dans ce labyrinthe.

Chantilly.

Le 18. nous fûmes coucher par un temps assez fâcheux à Villers-Cotrets cette belle maison de Philippe de France Frére unique de Loüis le Grand nôtre Invincible Monarque. C'est un beau Château; mais je n'eus pas le temps de tout voir.

Villers-Cotrets

Le 19. nous arrivâmes de bonne heure à Soissons où l'on y demeura le jour suivant assés tard, parce que Madame l'Abbesse de ce lieu étoit proche parente de quelques personnes de la compagnie, qu'elle rega-

Soissons.

regala noblement. Cette ville est grande & a titre de Comté & d'Evêché suffragant de Rheims. Dans la premiére Race de nos Rois elle fut capitale d'un Royaume; la Riviére d'Aisne la traverse d'un côté & la rend marchande. Il y a aussi beaucoup d'Eglises, de Couvents, & d'Abbayes.

Le 20. nous passâmes à Rheims, où Rheims nous arrêtâmes peu, & nous couchâmes à Sillery, cette bonne maison dont j'ay déja parlé, qui reçut cette grande compagnie avec beaucoup de joye; car Madame de Sillery est une personne que rien n'embarrasse; ses ordres sont si bien donnez & exécutez, que tout y paroit d'une maniére aisée.

Le 21. aprés avoir dîné à Sillery, nous fûmes d'une traite coucher à Rhetel jus- Rhetel. ques où il y a dix lieues; on fut obligé ou Mazarin. de loger dans deux hôtelleries, qui ne sont pas agréables. Il y a une grande Halle fort ruinée; car ce lieu a été pendant quelque temps le Théatre de la Guerre. Le Maréchal du Plessis Pralin y remporta sur l'Espagnol une grande victoire en 1650. Elle a été souvent assiégée, & plusieurs l'appellent présentement Mazarin.

Nous laissâmes Rhetel le 22. pour aller à Charleville, aprés avoir passé par
Mézie-

Mézie-re. Mézieres, qui est une bonne & forte place sur la Meuse, qui l'arrose en plusieurs endroits. Elle a une Eglise Collégiale, & une trés-bonne Citadelle, qui la commande. C'est un trés-grand passage. Nous arrivâmes de bonne heure à Charleville, où l'on logea chez un gros bourgeois, qui étoit Fermier du Domaine que Monseigneur le Prince posséde en ce pays. Il se fit honneur de bien recevoir Monsieur D. G. & sa compagnie.

Charleville. Charleville n'étoit autrefois qu'un bourg, où Charles de Gonzague Duc de Nevers & de Mantoüe fit bâtir une ville trés agréable. Les maisons sont d'une même hauteur, & les rues tirées au cordeau; Il lui donna son nom. Elle étoit régulièrement fortifiée; mais les fortifications ont été démolies depuis que nous y avons passé. Je remarquai dans sa place une belle Fontaine, & de l'autre côté de la riviére on voit le Mont Olympe, Château qui autrefois a été en quelque considération & dont une partie appartient au Roi.

Le 23. aprés avoir dîné à Charleville, on s'embarqua sur la Meuse dans deux bateaux liez & attachez l'un à l'autre, dans l'un desquels furent mis les deux Carosses que nous avions, les chevaux étant allez par terre. On y fit aussi la cuisine

cuisine, nous étant pourvus de ce qui étoit nécessaire pour vivre. On y fit des fourneaux pour éviter de descendre dans de méchans endroits où l'on auroit été mal proprement, outre qu'il y avoit assez de plaisir de manger sur l'eau. On fut coucher cette première journée à Révin. C'est une petite ville des Ardennes, où l'on trouva de bon vin de Champagne, dont on fit provision; mais on y fut mal logé. Je ne me souviens pas d'avoir jamais passé une nuit si incommode pour la grande quantité de puces & punaises qu'il y avoit chez le bourgeois, où je couchai. C'étoit une pitié de voir en quel état ces vilains animaux m'avoient mis.

Révin.

Le 24. nous rentrâmes dans nos batteaux, & aprés avoir passé devant Charlemont, nous fûmes coucher à Dinant, où nous arrivâmes d'assez bonne heure, pour nous promener. Je rencontrai en ce lieu plusieurs Officiers de ma connoissance, qui étoient de cette garnison. Charlemont est une des petites villes du Pays-Bas de la Comté de Namur où Charles-Quint a fait bâtir une trés-bonne Forteresse, sur le haut de la Montagne. Ses Fortifications sont fort régulières, & le Roi y entretient une bonne Garnison; elle est à sept lieües en deça de Namur, & c'est une forte place.

Charlemont.

Di-

Dinant   Dinant est une ville dans le pays de Liege, qui a été prise & reprise plusieurs fois par nos Armées. Elle s'étend le long de la Meuse, & elle me parut en bon état, son Château, ou Citadelle est sur un rocher fort escarpé de toutes parts, & on l'a reparé depuis mon voyage. Cette place a un pont sur cette Riviére. Ses rues sont étroites, & ses logemens fort serrez.

Namur   Le 25. suivant nôtre route par la Riviére nous rencontrâmes Namur, dont le Prince de Barbançon est Gouverneur. Il a une maison de l'autre côté de la Riviére, qui est fort jolie, & qui me parut telle. Monsieur D. G. détacha un de ses gens pour lui aller faire compliment, & le prier comme il y a en cét endroit plusieurs bureaux pour visiter ceux qui passent, de vouloir par son autorité obliger les Gardes, à nous venir trouver dans nos bateaux pour nous exempter d'aller chez eux, & perdre beaucoup de temps à voir ce qui ne devoit rien, mais Monsieur le Prince de Barbançon étant en campagne, son Lieutenant vint à nos bateaux, faisant toutes choses de si bonne grace, qu'on en fut plus que content. Il nous dit que Monsieur le Prince de Barbançon auroit bien du regret de ne s'être pas trouvé dans son Gouvernement pour y recevoir la compagnie.

gnie. Presque tout le monde sait que Namur est une Comté, & une des 17. Provinces du Pays-Bas, mais de peu d'étendue, & fort montueuse. Elle est arrosée de la Meuse & de la Sambre. Namur est une des plus fortes villes de l'Europe, & particuliérement son Château, qui dans ces dernieres guerres a fait répandre tant de sang.

Aprés tous ces complimens nous allâmes à Huy, où l'on débarqua pour y coucher. La Meuse sepate cette ville en deux. Il y a un Château fortifié, il dépend de même que la ville, de la Seigneurie temporelle de Liége. La Riviére de Huy, qui tombe en cét endroit dans la Moselle, lui a donné son nom. On y fut bien logé, & nos Messieurs & Dames y reçurent beaucoup d'honnêtetés de certaines personnes de consideration de ce pays-là, chez qui ils logérent. Le Pont qui conduit d'une ville à l'autre est bien construit; mais ce Pays est souvent exposé à la fureur des Soldats. {Huy.}

Le 26. on partit de Huy assez tard, pour ne pas arriver à Liége de bonne heure qui n'en est qu'à 5. lieües. On fut loger à la Pomelette reputé pour le meilleur logis; mais il étoit détestable, car il fume tellement dans toutes les chambres, {Liege.}

qu'on

qu'on ne peut y être qu'avec beaucoup d'incommodité. Nous y séjournâmes une grande partie du lendemain. Monsieur le Cardinal de Furstemberg, & toute sa Famille faisant mille caresses à toute cette aimable compagnie, qui fut dîner ce jour-là au Château; j'eus tout le temps de me promener. Cette ville ne me parut pas des plus agréables, bien qu'elle soit sur les bords d'une belle Riviére, & dans un aspect avantageux. Elle est du Cercle de Westphalie, & son Evêque est Seigneur du Pays & Prince de l'Empire. Il prend encore plusieurs autres qualitez. Beaucoup de Villes, & de Villages en sont dépendans ; Elle est fort ancienne, & les Edifices publics y sont beaux ; particuliérement la Cathédrale nommée Saint Lambert, fort renommée pour son Chapitre. Il y a aussi grand nombre de maisons Religieuses. Cette malheureuse ville a été prise & reprise plusieurs fois. Je ne m'étonne plus de ce que j'ai lû dans Philippe de Comines touchant ce Peuple; car dans le temps que j'y ai été, je me suis aperçu que c'étoit une Nation mal-faisante & séditieuse, qui ne se pouvant tenir en repos, se font la guerre les uns aux autres s'ils ne sont pas occupez d'ailleurs. Beaucoup de gens d'enclume & de marteau l'habitent,

&

& l'on trouve dans son Terroir des mines de fer & de plomb, & des carriéres de marbre.

Cette aprésdinée nos bateaux nous menérent encore environ deux lieües, pour débarquer à Viset de l'autre côté de la Riviére, où nos carosses & nos gens étoient allez nous attendre & que nous trouvâmes au bord de l'eau. Nous allâmes coucher à Galop à trois lieües en deça d'Aix la Chapelle. C'est un petit lieu dont une partie est aux Etats de Hollande, où la Messe & le Prêche se disent dans une même Eglise. Lorsque la Messe est finie on tire un grand rideau, qui cache l'Autel pour laisser la Chaire libre au Prédicateur. Nous logeâmes chez un Juif, qui nous traita à leur ordinaire, c'est-à-dire bien chérement. [Galop.]

Le 28. on fut à Aix la Chapelle, où châcun prit des logemens particuliers, ne pouvant trouver de maison assez grande pour loger tous ensemble; ce qui nous occupa le reste du jour. Le lendemain on consulta les Medecins du pays, & plusieurs de nous prirent des eaux minérales & s'en trouvérent fort bien: Je puis dire en avoir vu de bons effets. [Aix la Chapelle.]

Monsieur & Madame la Duchesse d'Hanover y étoient avec une partie de leur Cour. Beaucoup d'autres gens de qualité

s'y

s'y trouvérent aussi pour recouvrer ou fortifier leur santé. Monsieur le Cardinal de Furstemberg, y arriva quelque temps aprés nous. Lorsqu'il fait beau temps la plûpart de ces Messieurs & Dames viennent prendre leurs Eaux à la Fontaine située au milieu d'un petit carrefour. Il y a prés de là une Galerie couverte dont plusieurs Marchands occupent les maisons. C'est en cét endroit que les beuveurs se proménent, & où ils tâchent à se divertir. Les Demoiselles d'honneur de Madame la Duchesse d'Hanover & autres y venoient danser avec une bande de violons ce qui étoit fort réjoüissant; les aprésdinées, chacun prenoit son parti, les uns au jeu, les autres à la promenade.

Aix la Chapelle, bien que ruinée par les guerres en plusieurs endroits, ne laisse pas d'être toûjours considérable, conservant sa liberté & ses priviléges. Elle est située dans les terres du Duc de Neubourg, comme Duc de Julliers. Il a la nomination du Maire des Bourgeois, sous la protection du Roi d'Espagne, comme Duc de Brabant. Elle fut autrefois toute désolée par Attila. Charlemagne la fit Capitale de la Gaule Transalpine, & le lieu de son séjour, comme étant presque au milieu de ses Etats. Il fit bâtir la grande
Eglise

Eglise qu'on y voit encore, & où sa Couronne est conservée précieusement. On nous la fit voir, comme une grande curiosité. Les marques du feu qui a été mis à cette Eglise paroissent encore en quelques endroits. C'est un fort grand Vaisseau. Depuis Charlemagne plusieurs Empereurs y ont ont voulu être couronnés. On prétend qu'un Prince Romain nommé Granus y ayant fait la découverte des eaux minérales, qui ont les qualités de celles de Bourbon, y fit bâtir un Château, & jetta les premiers fondemens de cette ville.

[marginal note: Granus Prince Romain.]

L'Empereur est toûjours Chanoine d'Aix & en prête le serment le jour qu'il est sacré. Les Habitans sont en partie Catholiques & en partie Protestans. Il y a une très-belle & grande place devant l'Hôtel de ville, qui est richement bâti. La Fontaine qui est au milieu de cette place est belle & jette de l'eau par différens endroits. Tout cela est bien entretenu, & l'on y trouve tout ce qui est nécessaire à la vie. Il y a beaucoup de riches Marchands, qui font grand trafic de draps & d'utenciles de cuivre : c'est pourquoi on y voit quantité de boutiques de chauderonniers, & les femmes prétendent qu'on y fait de meilleures aiguilles à coudre qu'en aucun lieu ; c'est pourquoi elles en font bonne provision, lors qu'elles y vont. Nous

Nous y demeurâmes environ trois semaines, pendant lesquelles Monsieur D. G. qui ne perd jamais de temps, remit quelque négotiation sur le tapis avec Monsieur le Duc de Hanover, ce qui l'obligea à quitter la compagnie, pour aller avec lui, jusqu'à Altenau, & de là à Luxembourg, où le Roi étoit allé visiter cette belle frontiere comme je le dirai ci-après.

Il y eut une Procession fort solennelle, qui se fait tous les ans à la Fête de l'Ascension. L'Effigie de Charlemagne avec ses Ornemens Royaux y est portée par un homme, qui fait si bien mouvoir cette machine, qu'on ne peut mieux imiter le naturel; Ceux du Pays, en le voyant passer, disent, *voila Charlemagne qui sort de quartier d'hiver.* Tous les Notables de la ville y assistent, & tout ce peuple va voir cette cérémonie dans la grande place où la Procession fait plusieurs tours.

Le 18. nous allâmes à Galop voir Monsieur le Duc d'Hanover, qui n'alla pas plus loin ce jour-là, & étant revenus ce même jour à Aix la Chapelle, nous retournâmes le lendemain 19. retrouver ce Prince, & nous l'accompagnâmes jusqu'à Altenau, qui est un bourg assez grand & où l'Armée a campé autrefois. On y voit des retranchemens qui subsistent encore.

Altenau.

encore. Monsieur le Cardinal de Furstemberg se trouva sur ce chemin, où ces Princes se firent compliment; car les Grands en Allemagne sont fort délicats sur les façons & la cérémonie; de sorte qu'il faut penser là-dessus à des ménagemens qui ne puissent les offenser. Messieurs de Platen & Grot Premiers Ministres de Monsieur le Duc d'Hanover, dont j'ai déja parlé, eurent la bonté de me mettre avec eux dans leur Caleche, où la conversation roula sur la grande puissance du Roi mon Souverain; & voyant qu'ils pouvoient en savoir moins que moi je m'étendis là-dessus, autant que mon foible génie m'en rendoit capable, & leur montrai le grand avantage qu'il y avoit de s'allier avec la France. Nous séjournâmes le jour de la Pentecôte à Altenau, où je ne cessai d'écrire & de travailler.

Le 20. tous les adieux ayant été faits de part & d'autre le soir précédent, nous retournâmes de trés-grand matin à Aix la Chapelle chez Monsieur le Cardinal de Furstemberg, où nous entendîmes la Messe, pour reprendre le chemin de Galop, où nous dînâmes; de-là nous fûmes coucher à Spa jusques où il y a six grandes lieües. Le Prince Ferdinand, l'un des Neveux de cette Eminence faisoit ce voyage

Spa.

avec

avec nous, & prenant place dans le Carosse de Monsieur D. G. je me mis dans le sien, avec un Secretaire de Monsieur son oncle. Je me souviens que nous y arrivâmes sur la brune, & qu'il falut aller assez long-temps à pié, par un chemin tout plein de pierres & raboteux. Spa est un grand bourg du pays de Liége, fort renommé pour ses eaux minerales & où l'on vient de toutes parts.

Stavelo   Le 21. on fut dîner à l'Abbaye de Stavelo, trés-belle & de trente mille livres de rente, appartenant au Cardinal de Furstemberg. Elle est à six lieües de Spa. Le repas y fut ample, & l'on fut long-temps à table. On ne va point là à la cave par bouteilles, mais à pleins brocs, qui sont portez par des Moines en plusieurs endroits ; & si l'on les avoit voulu croire nous y serions encore. Ils ne se contentérent pas de nous faire bien boire, ils nous donnérent un petit baril de vin de Moselle, qui étoit trés-bon, & qui nous fut d'un grand secours, ayant à passer un pays de mauvaise chere. Nous visitâmes l'Eglise qui est belle & bien bâtie. En un mot on peut dire que c'est un bénéfice de conséquence en toutes maniéres.

Chemin faisant, nous avions passé par Limbourg, qui étoit aisé à reconnoître

par

par son entière désolation. C'est un Duché sur le Weser & un beau & bon pays qu'on a rendu aux Espagnols par la Paix de Nimégue.

Aprés avoir passé cette aprésdinée un pays fort ruiné, nous arrivâmes dans un méchant village nommé Ourt; obligé d'y demeurer, je couchai sur de méchante paille, aussi bien que plusieurs autres, & sans nos provisions, on auroit bien mal soupé. *Ourt.*

Le 22. nous décampâmes du matin laissant Bastogne sur nôtre droite, pour venir dîner à Hosin, aprés avoir marché cinq lieües; nous fûmes coucher à Mersche. *Mersche.*

Le 23. nous allâmes dîner à Luxembourg, qui est distant de quatre lieües de Mersche. Nous y trouvâmes toute la Cour. Monsieur le Maréchal de Bouflers, qui alors en étoit Gouverneur, la régala somptueusement, & Monsieur D. G. aprés avoir salué le Roi, lui rendit compte de ce qui s'étoit passé à Aix. Nous demeurâmes encore trois jours à Luxembourg. *Luxembourg.* Le Maréchal des Logis de Monseigneur le Prince m'avoit logé chez une veuve où je me trouvai trés proprement; & m'étant quelquefois entretenu avec elle, elle me dit que la prise de cette Place lui faisoit tort de quatre mille livres de rente. Il y avoit dans sa cour plus d'une toise & demi mi en quarré de bombes & boulets de canon entaſſez les uns ſur les autres, qu'elle avoit fait arranger par curioſité. Elle étoit dans ſa cave lorſque la premiére bombe vint à tomber ſur ſa maiſon. Il n'y a rien de plus beau, ni de plus régulier que les Fortifications, que Sa Majeſté a fait conſtruire à Luxembourg : mais il faut une forte garniſon, pour en deffendre tous les ouvrages, & il y a bien du terrain à prendre, avant que de venir au corps de la Place, qui porte le titre de Duché, & eſt capitale d'une des provinces du Pays-Bas. Elle eſt ſituée dans la Baſſe Allemagne. La Moſelle & pluſieurs autres riviéres arroſent ce Pays. La ville eſt ſur l'Elſe. Ses mines fourniſſent de fer à la plus grande partie de l'Allemagne. Elle fut reduite à l'obeïſſance du Roi par le Maréchal de Créqui en 1684. C'eſt un rempart des plus redoutables qui ſoient dans la Chrétienté.

Longwy. Le 27. le Roi partit de Luxembourg, pour venir coucher à Longwy. Il dîna en chemin dans ſon carroſſe avec les Dames. On étoit ſi couvert de pouſſiére ce jour-là, qu'on ne ſe voyoit, que le blanc des yeux. Les Cadets, qui étoient en ce lieu paſſérent en revüe devant ſa Majeſté. Ils firent l'exercice, & ce fut

un

un amusement pour la Cour cette soirée-là. Monsieur de Louvois monta à cheval, pour visiter tous les Travaux de cette Place que le Roi a fait bâtir sur la Chier, & qui est un passage de conséquence.

Le 28. nous partîmes de bonne heure pour éviter les embarras de la Cour, & l'on fut à Estain chez les Capucins, où l'on nous avoit fait aprêter à manger. Le soir nous fûmes coucher à Verdun, dont j'ai déja parlé. La Cour y séjourna le 29. ce qui nous obligea de faire de même. Verdun

Le 30. nous allâmes dîner à Clermont, qui appartient à Monseigneur le Prince, où Monsieur D. G. donna à manger aux premiers Commis de Monsieur le Marquis de Croissi Ministre d'Etat, & l'on fut coucher à S. Menehoud, à la suite de la Cour. Clermont.

Le 31. nous laissâmes le grand chemin, pour dîner à une ferme, où l'on avoit envoyé un Officier, de sorte que nous arrivâmes de bonne heure à Chalons. Ayant beaucoup de temps à moi j'allai faire quelques visites chez des personnes que je connoissois, & qui auroient bien voulu me retenir chez elles. On me mena promener dans cette belle & ancienne vil- Chalons.

le

le. La Marne y forme une Isle fort commode aux habitans, où est l'Eglise S. Estienne fort renommée par ses Evêques & son Chapitre. Les ruës sont grandes & propres, particulierement celle où est la Maison de Ville & l'Eglise Collegiale de Nôtre-Dame. Les promenades, & les avenues sont fort agréables & sur tout le Jare. Elle est fort marchande, & beaucoup de riches Negocians y habitent. L'Evêque est Comte & Pair de France. Le Roi y arriva le soir avec toute sa Cour. Châcun s'occupant à ses affaires nous nous préparâmes à partir le lendemain.

Monmireil. Le premier de Juin, ayant un Relais, nous dînâmes à Vertus, & couchâmes à Monmireil, qui appartient à Monsieur de Louvois. C'est un gros Bourg, & une Terre d'un grand revenu. Il est connu pour la bonté de ses prunes. Il est situé sur une Colline qui a la Riviere de Morin au pié, laquelle va tomber dans la Marne.

La Ferté sous Jouare. Le 2. nous dînâmes à la Ferté sous Jouare, qui est une petite ville que la Marne divise, où il y a un Pont de pierre sur lequel on la passe. Elle appartient à Monsieur le Comte de Roussy.

Comme la chaleur se faisoit déja sentir, nous nous reposâmes quelque temps en ce ce lieu, & l'on fut en paſſant, pour voir Monſieur l'Evêque de Meaux à ſa maiſon de Germigny, qui eſt belle & trés-agréable : mais ne l'ayant pas trouvé, aprés s'y être promené, on fut coucher à Meaux, où ce Prelat étoit. Il donna à ſouper à Monſieur D. G.   *Meaux.*

Le 3. on prit le chemin de traverſe, & paſſant par une des avenues de Freſne belle maiſon à Monſieur le Duc de Nevers, nous allâmes dîner à S. Maur les foſſés, pour nous y rafraîchir, & le lendemain coucher à Paris, qui eſt le centre des honnêtes gens.   *Paris.*

F I N.

www.ingramcontent.com/pod-product-compliance
Lightning Source LLC
Chambersburg PA
CBHW060358170426
43199CB00013B/1911